VERS LA SÉCESSION SCOLAIRE ?

Youssef Souidi

VERS LA SÉCESSION SCOLAIRE ?

Mécaniques de la ségrégation au collège

Fayard

Couverture : ADGP

ISBN : 978-2-213-72666-3
Dépôt légal : avril 2024

Aux Souidi et aux Haloui,
à Belfort et à Oued-Rhiou

Introduction

« Vendre de la drogue. » La réponse m'a échappé. Je viens d'entrer au lycée et ma professeure de sciences économiques et sociales (SES) demande un exemple d'activité économique habituellement pratiquée à l'adolescence sans pour autant être déclarée aux impôts. Elle pensait au baby-sitting. Nul besoin d'attendre qu'elle le précise : la surprise sur son visage tout comme les regards interrogatifs, désormais braqués sur moi, de mes nouveaux camarades de classe suffisent. Ma réponse ne faisait pas partie de l'horizon d'attente qui prévalait dans cette salle.

Élève volontaire, bien plus enclin à apporter une bonne réponse qu'à amuser la galerie, j'ai pris de plein fouet la distance sociale qui me séparait alors de mes camarades. Les mêmes mots, prononcés dans le collège où j'étudiais quelques mois plus tôt, auraient – au pire – fait rire professeur et élèves. L'établissement que je fréquentais en troisième n'était pourtant situé qu'à une dizaine de minutes à pied de mon lycée de centre-ville. Porteur du label « éducation prioritaire », il se trouvait au pied de plusieurs tours de logements sociaux, lesquelles constituaient son principal vivier de recrutement.

Comment, en parcourant les quelques centaines de mètres qui séparaient le collège du lycée, pouvait-on être confronté à des environnements si différents? Une première réponse à cette question me sera donnée lors de l'un de ces mêmes cours de SES: la ségrégation scolaire.

***

Que la lectrice ou le lecteur se rassure: loin d'un livre d'introspection, c'est bien un essai qui est entre ses mains. Il y sera question de l'étendue de la ségrégation scolaire en France, de ses mécanismes, mais aussi des outils disponibles pour en atténuer l'ampleur. À l'anecdote personnelle, je préférerai donc l'analyse rigoureuse des données produites par le ministère de l'Éducation nationale. Et plutôt qu'aux idées préconçues, je me référerai aux connaissances produites par la recherche en sciences sociales. En somme, cet essai se propose de mettre à disposition du plus grand nombre les constats les plus récents portant sur la ségrégation scolaire, mais aussi d'en faire voir les mécanismes sous-jacents. Cela, avec un objectif: un débat public mieux informé.

Le concept de ségrégation scolaire désigne de manière très générale le fait que les élèves fréquentent des établissements différents en fonction de certaines de leurs caractéristiques. Dans le domaine des sciences sociales, on tend à distinguer différents types de ségrégation scolaire : la ségrégation académique qui traduit la séparation des élèves selon le niveau de compétences ; celle qui s'opère selon leurs caractéristiques sociales ; et enfin celle qui dépend de leur origine ethnique. Ces dimensions se recoupant largement, le débat public s'empare souvent de cette notion générale, sans préciser la dimension d'intérêt spécifique.

En France, c'est par le prisme social que la ségrégation est le plus souvent mesurée. Cette grille de lecture est d'autant plus commode à adopter que le ministère de l'Éducation nationale a mis à disposition des données sur la composition sociale des établissements scolaires depuis l'automne 2022. La presse comme les acteurs associatifs se sont emparés de ces informations – jusqu'alors confidentielles – et ont jeté une nouvelle lumière crue sur le phénomène de ségrégation sociale qui caractérise le système scolaire français[1]. Pour s'en faire une idée, nul besoin de comparer de manière caricaturale les établissements du très opulent 16ᵉ arrondissement de Paris à ceux des quartiers paupérisés de Marseille : une promenade de quelques centaines de mètres dans certaines villes

1. Ces données ont été mises à disposition à la suite d'une décision du Tribunal administratif de Paris, saisi par le journaliste Alexandre Léchenet.

suffit – on recense ainsi près de 92 000 collégiens scolarisés dans un établissement socialement très défavorisé mais situé à moins de 15 minutes à pied d'un collège socialement favorisé, voire très favorisé[1].

En quoi la ségrégation scolaire est-elle un problème[2] ? Au-delà de la transmission des savoirs et de la préparation à la vie professionnelle, l'institution scolaire a pour rôle de contribuer à l'intégration sociale des individus et de les préparer à l'exercice de leur citoyenneté. De manière plus générale, l'égalité des chances et la lutte contre les inégalités sociales et territoriales font partie des objectifs que se donne le ministère de l'Éducation nationale. Or, le niveau de ségrégation scolaire est de nature à entraver la réalisation de ces missions. La concentration de la difficulté sociale et scolaire au sein d'un même établissement est susceptible d'agir sur la réussite des élèves à travers de nombreux mécanismes. Notons par exemple que, dans les établissements défavorisés, il est plus difficile de recruter des enseignants qualifiés et expérimentés. Par ailleurs, priver les

1. Tout au long de cet ouvrage, et dans le but d'en alléger la lecture, il sera parfois fait référence à des établissements et à des élèves « favorisés » ou « défavorisés », pour évoquer leur caractère « socialement favorisé » ou « socialement défavorisé ».

2. Pour une revue de la littérature économique portant sur les effets de la ségrégation scolaire, voir Pauline Charousset, Marion Monnet et Youssef Souidi, *Ségrégation sociale en milieu scolaire : appréhender ses causes et déterminer ses effets*, document de travail n° 23-02 du Conseil d'évaluation de l'École, 2023.

élèves de la rencontre d'autres mondes sociaux est de nature à limiter leur connaissance des différentes filières d'études et métiers existants, restreignant ainsi leur champ des possibles.

Plus globalement, l'école, en s'adressant à l'ensemble des individus appartenant à une même génération, est la seule institution permettant aux différents groupes sociaux de se rencontrer et d'agir par ce biais sur les croyances personnelles et les représentations de la société que se font les élèves pour, *in fine*, favoriser leur intégration et la cohésion sociales : il est à ce titre remarquable que la dernière fois que l'objectif de mixité sociale en milieu scolaire a été inscrit dans la loi fut à l'occasion du texte confortant le respect des principes de la République, voté en août 2021, également qualifié de « loi séparatisme ».

De fait, loin d'être aveugles à cette problématique, les pouvoirs publics ont régulièrement rappelé l'importance de lutter contre la ségrégation scolaire au cours des dernières décennies[1]. Dès 1998, le ministre de l'Éducation nationale Claude Allègre oppose[2] l'« idéal de l'École républicaine » à la situation marquée par une « hiérarchisation excessive entre établissements scolaires et, parfois, par de fortes différenciations entre classes au sein

1. Pour une revue synthétique des débats sur la mixité sociale au cours des dernières décennies, voir Hadrien Brachet, *Mixité sociale à l'école : quarante ans de débats empêchés*, Fondation Jean-Jaurès, 2023.

2. Dans la circulaire n° 98-263 du 29 décembre 1998.

même des établissements scolaires». En 2002, un rapport commandé par son successeur, Jack Lang, est dédié à cette question. Deux ans plus tard, la Commission du débat national sur l'avenir de l'école, mise en place par le Premier ministre Jean-Pierre Raffarin et présidée par le sociologue Claude Thélot, y consacre un chapitre dans son rapport final. La promotion de la mixité sociale est également avancée par le ministère de l'Éducation nationale, au milieu des années 2000, pour justifier un projet de suppression de la carte scolaire[1]. Cet objectif est inscrit dans la loi sur la refondation de l'École portée par le ministre Vincent Peillon, en 2013, et rappelé, en 2015, par le Comité interministériel à l'égalité et à la citoyenneté, dont le rôle est notamment de répondre au constat d'«apartheid territorial, social, ethnique» dressé par le Premier ministre, Manuel Valls, à la suite des attentats du mois de janvier.

Des expérimentations en la matière ont ainsi été mises en place à partir de la rentrée 2016, sous l'impulsion de la ministre Najat Vallaud-Belkacem[2], en concertation avec les acteurs locaux. À partir

1. La carte scolaire est le mécanisme par lequel chaque collège public se voit attribuer un secteur géographique de recrutement. Les élèves résidant dans le secteur d'un collège y sont affectés par défaut. Elle ne s'applique pas aux établissements privés. Ce concept est plus longuement abordé dans les parties II et III de ce livre.

2. Laquelle revient sur ces expérimentations avec le sociologue François Dubet dans *Le Ghetto scolaire. Pour en finir avec le séparatisme*, Paris, Seuil, coll. « La République des idées », 2024.

de 2017, deux de ses successeurs, Jean-Michel Blanquer (2017-2022) et Gabriel Attal (de juillet 2023 à janvier 2024), ont continué d'inscrire l'objectif de réduction de la ségrégation scolaire dans leur action, sans pour autant que cela en constitue un pivot. Entre ces deux mandats ministériels, Pap Ndiaye s'est distingué en faisant de la mixité sociale une priorité de son action dès sa prise de fonction, sans toutefois parvenir à imposer sa feuille de route sur la question. Enfin, en justifiant la scolarisation de ses enfants dans un établissement privé par « les paquets d'heures pas sérieusement remplacées dans le public », Amélie Oudéa-Castéra a fait ressurgir de manière inattendue la question de la ségrégation scolaire dans le débat public lors de son court passage à la tête de ce ministère (de janvier à février 2024).

Malheureusement, lorsque le débat public s'empare de ce thème, c'est souvent une vision fataliste qui prédomine : les différences de composition sociale entre établissements seraient le simple reflet d'une répartition inégale des groupes sociaux sur le territoire. Dans ces conditions, seule une politique de long terme, visant à plus de mixité sociale dans l'habitat, permettrait d'améliorer la situation dans le système scolaire. Pour les partisans du *statu quo*, recourir à un tel narratif sur un sujet si explosif permet de s'assurer un certain confort : celui de repousser aux calendes grecques la prise de décision pour, éventuellement, s'en remettre à la maxime prêtée à Henri Queuille, figure de la IVe République: «Il n'est pas de problème dont une absence de solution ne finisse par venir à bout.»

Pourtant, nous verrons que l'hypothèse d'une ségrégation scolaire qui découlerait uniquement de son équivalent résidentiel ne tient pas; elle est également le résultat d'un environnement institutionnel particulier qui impose des dilemmes cornéliens aux familles quant au choix de l'établissement de leur enfant.

En réalité, il suffit parfois de traverser la rue – au sens littéral de l'expression – pour passer d'un établissement socialement très défavorisé à un établissement au profil social favorisé. Lorsque la mixité sociale existe au sein d'un même quartier, élèves socialement favorisés et défavorisés ne se retrouvent pas nécessairement au sein de la même école. De fait, si la carte scolaire affecte *a priori* de manière très neutre chaque élève à un collège de proximité, en fonction de son adresse, la manière dont elle est dessinée interroge parfois, des établissements voisins se distinguant par la composition sociale de leur bassin de recrutement. Par ailleurs, alors même que cette carte est régulièrement présentée comme l'incarnation de la rigidité du système d'affectation français, ses frontières s'apparentent dans certains territoires à de véritables lignes Maginot[1], du fait

1. La ligne Maginot, du nom du ministre de la Guerre qui en est à l'origine, est une ligne de fortifications construite par la France lors

des alternatives proposées aux parents pour choisir l'établissement scolaire de leur progéniture.

Les dérogations à la carte scolaire donnent ainsi la possibilité aux familles, sous réserve de l'autorisation des autorités publiques locales, d'inscrire leur enfant dans un autre établissement public que celui de leur secteur. Surtout, l'enseignement privé sous contrat offre un moyen privilégié de choisir le lieu de scolarisation de son enfant. Les établissements qui en relèvent complètent les subventions de l'État et des collectivités locales – qui représentent en moyenne trois quarts de leur budget – par des contributions financières demandées aux familles. Ils ont ainsi la possibilité de contrevenir au principe de gratuité de l'enseignement public et sont libres du montant des frais d'inscription qu'ils fixent. En l'absence de tout bassin de recrutement prédéfini, ils se distinguent également des établissements publics par leur capacité à sélectionner leurs élèves.

Lorsque l'on compare cette situation à celle qui prévaut chez certains de nos voisins européens, il apparaît que le secteur privé sous contrat en France bénéficie d'une situation extrêmement favorable : en Belgique, la quasi-totalité des établissements privés sont entièrement subventionnés,

de l'entre-deux-guerres. Réputée infranchissable, elle s'est révélée impuissante à empêcher l'invasion allemande au cours du printemps 1940. Elle est devenue le symbole de frontières considérées comme étanches, mais dont le contournement est en réalité possible.

mais disposent de peu d'autonomie dans le recrutement de leurs élèves. En Grande-Bretagne, le secteur privé bénéficie d'une grande liberté dans la sélection de ses élèves mais ne peut compter sur le soutien financier de la puissance publique[1].

Cette situation interpelle d'autant plus qu'on ne sait plus très bien à quel besoin répond ce statut particulier. Lorsque, en 1959, le Premier ministre Michel Debré fait voter la loi fondatrice de l'enseignement privé sous contrat, c'est la question religieuse qui est principalement abordée. En d'autres termes, il s'agissait de garantir aux familles la possibilité de confier l'éducation de leurs enfants à des structures éducatives gérées par des autorités catholiques, si elles le souhaitent, tout en permettant à l'État de s'assurer que ces élèves suivraient les programmes d'enseignement qu'il a définis. Les établissements privés sous contrat restent aujourd'hui encore en grande majorité catholiques. Cependant, dans une France largement sécularisée, il apparaît que l'inscription dans le secteur privé est bien davantage pour les familles un choix stratégique pour l'avenir de leur enfant qu'une décision guidée par des considérations religieuses[2].

Bien que ce changement majeur de la société française rende le mode d'organisation de

1. Cette situation rapproche les établissements privés britanniques des établissements hors contrat français.

2. Comme nous le verrons dans la partie II.

l'enseignement privé sous contrat quelque peu suranné, son *aggiornamento*[1] ne semble pas à l'ordre du jour. Toute volonté de réforme des modalités d'association des établissements privés avec l'État s'accompagne de réactions extrêmement virulentes dans le débat public : il ne faudrait pas raviver une « guerre scolaire » dont les acteurs en présence ont pourtant bien évolué. Ces manifestations d'opposition, dans des termes qui peuvent aujourd'hui paraître anachroniques, se sont notamment fait entendre au cours de l'année 2023, au moment où le ministre de l'Éducation nationale Pap Ndiaye envisageait de prendre des mesures contraignantes pour faire concourir l'enseignement privé à l'objectif de mixité sociale. À cette occasion, un responsable politique de premier plan s'exclame au cours d'une interview : « Je le dis en dépassant le ministre de l'Éducation nationale et en m'adressant directement au président de la République : ne rallumons pas la guerre scolaire[2] ! » Quelques semaines plus tard, ce même responsable politique déplore « la perte du collectif, la montée de la violence, les replis communautaristes » avant de rappeler que « les valeurs de la République sont aussi faites de fraternité »[3]...

1. L'*aggiornamento* fait référence au terme utilisé par le pape Jean XXIII dans la deuxième moitié du XXe siècle pour qualifier l'adaptation de la doctrine de l'Église catholique à la modernité.
2. *8h30* de Franceinfo du 26 avril 2023.
3. *Le Grand Entretien* de France Inter du 7 juin 2023.

De manière générale, l'accumulation de discours sur le manque d'intégration et de cohésion sociale, d'une part, et la situation dans laquelle une partie des élèves ne font l'expérience d'aucune altérité sociale dans leur établissement scolaire, d'autre part, interrogent. La notion d'une France *archipélisée* popularisée par Jérôme Fourquet a fait florès dans le débat public[1]. Les inquiétudes sur l'absence de repères communs et la méfiance réciproque dans la société française nourrissent l'actualité éditoriale et médiatique.

Au cours de l'année 2023, ces débats ont pris une tournure particulière à l'occasion des révoltes sociales qui ont suivi la diffusion d'une vidéo montrant un jeune homme de 17 ans, Nahel, tué par un tir policier à l'occasion d'un contrôle mené dans la ville de Nanterre, dans la proche banlieue parisienne. Ces événements, qui ont surpris par leur ampleur, ont notamment été analysés par les sociologues Marco Oberti et Maela Guillaume Le Gall[2]. Tout en concédant que leur hypothèse nécessite d'être creusée, ils suggèrent l'existence d'une corrélation entre la présence de points de rassemblements dans une ville et le niveau de ségrégation

1. Jérôme Fourquet, *L'Archipel français. Naissance d'une nation multiple et divisée*, Paris, Seuil, 2019. Quoique populaire dans le débat public, cette notion fait débat dans le monde académique.

2. Dans « Analyse comparée et socio-territoriale des émeutes de 2023 en France », Sciences Po, 2023. En ligne: https://www.sciencespo.fr/com/news/article-analyse-emeutes-2023-marco-oberti-maela-guillaume-le-gall.pdf

scolaire qui la caractérise. Leur confrère François Dubet abonde en ce sens: «Il n'est pas exclu que la distance entre les leçons de civisme et l'expérience ordinaire des élèves ait contribué à mettre le feu[1].» Il va jusqu'à conclure un article intitulé «Le séparatisme scolaire et la place du privé» par la phrase suivante: «On ne devrait pas s'étonner de voir quelques écoles incendiées[2].»

Le séparatisme que mentionne François Dubet ne fait pas référence à celui des milieux populaires ou des personnes d'ascendance migratoire, mais plutôt aux catégories sociales les plus favorisées qui, par leurs décisions, contribueraient à fragmenter la société. Cette même mécanique a été mise en évidence vingt ans plus tôt par l'économiste Éric Maurin, dans un livre qui revient sur la manière dont se constitue le *Ghetto français*[3].

***

De là à envisager une «sécession scolaire»? L'expression est forte. Y a-t-il, à l'échelle nationale, une volonté commune, active et délibérée de mise à distance – si ce n'est de mise à

1. François Dubet, « Rentrée scolaire: à droite toute ! », *Alternatives Économiques*, août 2023.

2. François Dubet, «Le séparatisme scolaire et la place du privé», *Études*, septembre 2023.

3. Éric Maurin, *Le Ghetto français. Enquête sur le séparatisme social*, Paris, Seuil, coll. «La République des idées», 2004.

l'abri – de la part de tout un pan de la société? Ce livre, chiffres à l'appui, cherche à évaluer l'ampleur de la ségrégation sociale dans le système scolaire français, un phénomène qui s'opère parfois à une échelle très fine et qui est loin d'être cantonné aux plus grandes métropoles. Je reviendrai sur les mécanismes sous-jacents à ce phénomène. En particulier, l'école française est structurée de telle façon qu'elle impose aux familles des choix difficiles quant à la scolarité de leur enfant. Et permet à ceux qui en ont les moyens – économiques, culturels, mais aussi relationnels – de s'assurer un entre-soi perçu comme protecteur. Ce constat fataliste au premier abord ne doit toutefois pas inviter à la résignation: il n'existe pas de « niveau naturel » de ségrégation scolaire. Ici ou là, en France ou à l'étranger, des actions ont pu essaimer pour assurer un vrai brassage social dans les établissements scolaires. En d'autres termes, des pistes de réforme existent pour une République sans concession face au risque de sécession.

Note aux lectrices et aux lecteurs

Avant d'entrer dans le vif du sujet, quelques paragraphes de précision de la démarche sont indispensables pour appréhender au mieux cet ouvrage.

C'est du collège qu'il est principalement question au fil de ces pages. Les autres types d'établissement seraient-ils immunisés contre les phénomènes de ségrégation sociale ? Loin de là. À l'école élémentaire, l'attention portée à la proximité entre le domicile et l'établissement complique toutefois la dissociation entre ségrégation résidentielle et ségrégation scolaire. Au lycée, les écarts de composition sociale traduisent pour partie la ségrégation selon le niveau académique : les résultats scolaires déterminent fortement les voies d'enseignement (générale, technologique ou professionnelle) que fréquentent les élèves. C'est bien moins le cas à l'entrée dans l'enseignement secondaire, où la quasi-totalité d'une génération est censée suivre les mêmes enseignements jusqu'à la troisième, conformément à ce qui est considéré dans le langage commun comme le «collège unique[1]». Le collège cristallise en ce sens les enjeux de la ségrégation scolaire.

Une partie importante de cet ouvrage repose sur mes travaux de mémoire et de thèse, dirigés par les chercheurs Julien Grenet, Marc Gurgand et Élise Huillery, et réalisés à l'École des hautes études en sciences sociales en partenariat avec l'École d'économie de Paris[2]. Dans ce cadre, j'ai bénéficié de conventions d'accueil au service statistique du ministère de l'Éducation nationale (la Direction de l'évaluation, de la prospective et de la performance – DEPP), pour travailler sur une version anonymisée des bases de données renseignant, entre autres, les caractéristiques sociodémographiques des élèves et leur lieu de résidence. La publication en *open data* de données de plus en plus riches sur les établissements et leur public permet également de produire de nouvelles analyses que je propose tout au long de ces pages. Enfin, je puise dans les nombreux articles de recherche, rapports et essais produits sur la question.

Pour comprendre les phénomènes de ségrégation à l'œuvre, il est difficile de se passer des

1. Il existe en réalité un premier palier d'orientation au moment de l'entrée en sixième, à l'issue duquel 3 % des élèves d'une génération fréquentent une section d'enseignement général et professionnel adapté (SEGPA).

2. Elle a également été réalisée en collaboration avec l'Observatoire parisien de la mixité sociale et de la réussite éducative de la Ville de Paris.

statistiques. La première partie de cet ouvrage pourrait paraître aride à ceux que les chiffres rebutent. Si un effort particulier a été fait pour en rendre la lecture plus aisée, il reste possible que, à mon grand désarroi, cela ne soit pas suffisant. Plutôt que de refermer définitivement le livre, je suggérerais alors plutôt à la lectrice ou au lecteur de tourner quelques pages : les deux autres parties sauront certainement convenir davantage aux plus littéraires. Quant au public féru de chiffres, j'espère qu'il ne se formalisera pas de cette volonté d'accessibilité – ou que, du moins, l'annexe technique présente à la fin de cet ouvrage le déleste de certains de ses questionnements statistiques.

PARTIE I

DE LA VILLE À L'ÉCOLE, LES DÉRIVES DE LA SÉGRÉGATION

« Il faut plus de mixité résidentielle ! » Il n'est pas rare que les débats sur la ségrégation scolaire en viennent à cette conclusion. Le territoire étant lui-même marqué par de multiples fractures sociales, comment pourrait-il en être autrement de l'école ? Les différences de composition sociale entre établissements ne feraient alors qu'incarner sur le terrain scolaire les écarts constatés entre quartiers. En réalité, loin d'en être le simple reflet, la ségrégation scolaire s'apparente à un miroir grossissant de la ségrégation résidentielle.

L'analyse de la composition sociale de l'ensemble des collèges publics et privés sous contrat laisse peu de place au doute : une partie des établissements, tout en étant proches géographiquement, se distinguent en réalité radicalement du point de vue du profil socio-démographique des élèves accueillis. L'environnement social du lieu de résidence ne prédit qu'imparfaitement celui du lieu de scolarisation. Les élèves socialement défavorisés ont tendance à être entourés de davantage d'élèves socialement défavorisés dans leur collège que dans leur voisinage. À l'inverse, les familles socialement favorisées qui résident dans les quartiers les plus paupérisés parviennent à extraire leur progéniture de cet environnement social: une fois passé le portail du collège, leurs enfants se trouvent en présence de camarades qui leur ressemblent davantage du point de vue de leurs caractéristiques sociales. Sans compter que la manière dont sont répartis les élèves entre les classes est de nature à accentuer encore davantage ces écarts.

C'est grâce à la politique d'ouverture initiée par le ministère de l'Éducation nationale à destination des chercheurs que ces réalités peuvent être mises au jour. Outre les analyses présentées ici, cette démarche de transparence a plus généralement permis la publication de nombreuses études quantitatives au cours de cette dernière décennie, complétant celles émanant des services statistiques du ministère. Mises bout à bout, ces recherches permettent aujourd'hui de dresser un état des lieux extrêmement précis de la ségrégation sociale dans le système éducatif. Les progrès réalisés en une dizaine d'années sont remarquables: dans son essai sur la question, publié en 2012, le sociologue Pierre Merle soulignait au contraire que, «à un niveau national, la ségrégation sociale interétablissements ne fait l'objet d'aucune mesure par le ministère[1] ».

Ces avancées se limitent toutefois à la connaissance des écarts de composition sociale entre établissements. La ségrégation selon le niveau de compétences des élèves, ou encore selon leur origine ethnique, est beaucoup moins documentée. Dans ce brouillard, les minces éclaircies qu'apportent de rares études laissent toutefois entrevoir, là encore, des différences importantes entre collèges. La ségrégation scolaire, sous ses différentes formes, apparaît alors comme un élément structurant de l'école française.

1. Pierre Merle, *La ségrégation scolaire,* La Découverte, coll. « Repères », 2012.

Chapitre 1

La ségrégation sociale dans le système éducatif, un tour d'horizon

Au niveau national, il apparaît clairement que les collèges se distinguent selon leur composition sociale, tout comme il ne fait aucun doute que le rôle du secteur privé sous contrat dans cet état de fait s'est accru au cours des dernières décennies[1]. Si bien qu'en resserrant la focale au maximum, on s'aperçoit qu'une partie des collèges, bien que proches géographiquement, scolarisent des élèves aux caractéristiques sociales opposées. Entre ces deux échelles, des situations de ségrégation s'observent dans la plupart des plus grandes communes.

1. La quasi-totalité des collégiens du secteur privé sont scolarisés dans un collège privé sous contrat. Pour alléger la lecture, on omettra cette précision en évoquant simplement l'appartenance au secteur privé. La distinction entre secteurs privés sous contrat et hors contrat fait l'objet d'un développement dans la partie II.

Quelques premiers constats généraux

À quel point les collèges français se distinguent-ils les uns des autres par leur composition sociale? Deux premiers chiffres illustrés par la figure 1 permettent de répondre à cette question.

Figure 1 – Illustration des différences de composition sociale dans les collèges français

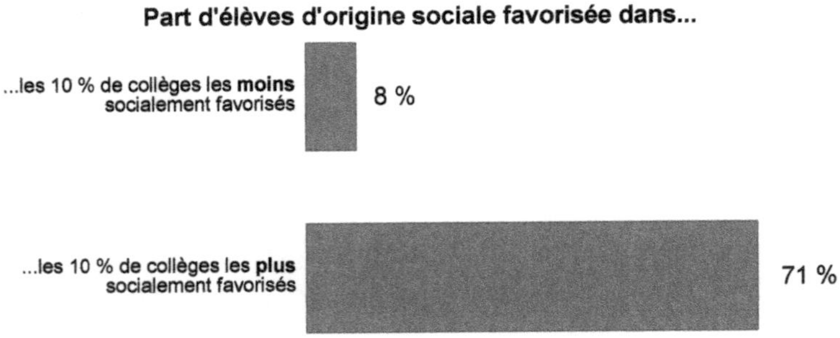

Note de lecture: L'origine sociale des élèves est mesurée par la profession de leur responsable légal. Les catégories sociales favorisées sont principalement composées de cadres, professions intellectuelles supérieures, et professions intermédiaires. Environ un tiers des collégiens sont considérés comme ayant une origine sociale favorisée. Les deux tiers d'élèves restant appartiennent aux catégories socialement défavorisées. Leur responsable légal est principalement ouvrier, employé ou chômeur. Pour plus de détails, voir l'annexe technique.

Source: Calculs de l'auteur à partir des Bases Scolarité pour la rentrée 2015, ministère de l'Éducation nationale, DEPP.

Article de référence: Youssef Souidi, *Enrolling Apart Together: Extracurricular Courses, Class Assignment Practices, and Within-School Segregation in a Comprehensive School System*, document de travail, 2024 : https://sites.google.com/view/youssef-souidi/research

Par-delà ces premières statistiques, produites il y a quasiment dix ans, des études menées par le ministère de l'Éducation nationale ont permis de dresser un état des lieux précis de la ségrégation sociale ainsi que de documenter son évolution au cours des dernières décennies. La plus récente d'entre elles, rédigée par Marine Guillerm et Olivier Monso, porte sur la rentrée 2022 et s'appuie sur des indicateurs synthétiques de ségrégation sociale[1].

Pour décrire de manière sommaire le principe de ces indices, il s'agit de résumer en un seul chiffre les écarts de composition sociale existant au sein d'un même territoire : plus ces différences sont grandes, plus la valeur de l'indice est élevée[2]. On observe alors qu'au niveau national, la ségrégation sociale entre collèges est restée plutôt stable au cours des deux dernières décennies. Cependant, la forme que prend cette ségrégation a évolué. Les écarts de composition sociale entre collèges publics ont diminué au cours du temps. En revanche,

1. Marine Guillerm et Olivier Monso, « Évolution de la mixité sociale des collèges », note d'information n° 23.37, DEPP, ministère de l'Éducation nationale, 2023. On s'appuie ici également sur une étude plus ancienne : Pauline Givord, Marine Guillerm, Olivier Monso et Fabrice Murat, « Comment mesurer la ségrégation dans le système éducatif ? », *Éducation & formations*, n° 91, 2016, p. 21-51.

2. En l'occurrence, c'est l'indice d'entropie qui est utilisé. Pour une introduction à ces indices, voir notamment Pauline Givord, Marine Guillerm, Olivier Monso et Fabrice Murat, « Comment mesurer la ségrégation dans le système éducatif ? » art. cité.

le profil social des élèves scolarisés dans le secteur privé a eu tendance à s'écarter de celui de leurs homologues du secteur public.

Cette vue d'ensemble donne un premier aperçu des écarts de composition sociale entre collèges français. Elle gagne toutefois à être complétée par des études menées à un niveau plus local : ces écarts se constatent-ils entre collèges situés de part et d'autre du pays ? Les configurations sont-elles différentes selon les territoires ?

À l'échelle départementale, on relève les niveaux de ségrégation les plus forts dans les départements les plus urbains, le trio de tête étant formé par les Hauts-de-Seine, Paris et les Bouches-du-Rhône. Les auteurs distinguent quatre groupes de départements, à partir de l'évolution de la ségrégation sociale qui y est constatée entre 2014 et 2022 : ceux où la baisse est marquée ; ceux où la baisse est modérée ; ceux où la ségrégation est stable ; ceux où elle a augmenté. Dans ce dernier groupe, composé d'une trentaine de départements, l'explication provient des écarts grandissants de composition sociale entre secteurs public et privé.

Au niveau des communes, les multiples avatars de la ségrégation sociale

Il reste que l'échelle départementale apparaît elle aussi trop vaste, la ségrégation sociale pouvant s'opérer de part et d'autre d'un territoire parfois très étendu. Les indices de position sociale (IPS) publiés pour chaque établissement par le ministère de l'Éducation nationale permettent de resserrer la focale sur les communes. Cet indicateur statistique, qui prend une valeur allant de 45 à 185, permet de déterminer le profil social des établissements scolaires : plus ce chiffre est élevé, plus les élèves de l'établissement ont, en moyenne, un environnement familial favorable à la réussite scolaire[1].

Les établissements peuvent être classés selon leur IPS sur une échelle allant de 1 à 10. Les collèges de type 1 font partie des 10 % de collèges à l'IPS le plus faible – donc des collèges dont les élèves sont issus d'environnements moins favorables à la réussite scolaire –, ceux de type 2 font partie des 10 % de collèges suivants, et ainsi de suite. Les collèges de type 10 font quant à eux partie des 10 % de collèges les plus favorisés à l'échelle nationale[2].

1. La valeur que prend cet indice est dans l'absolu difficilement interprétable. Sa définition est précisée dans l'annexe technique.

2. En d'autres termes, et pour adopter un vocabulaire statistique, nous raisonnons en termes de déciles. Ce choix permet de s'extraire d'une difficulté inhérente à l'utilisation des IPS, déjà évoquée plus haut : leur valeur est difficile à interpréter.

Figure 2 – Distribution de l'indice de position sociale des collèges dans les plus grandes villes

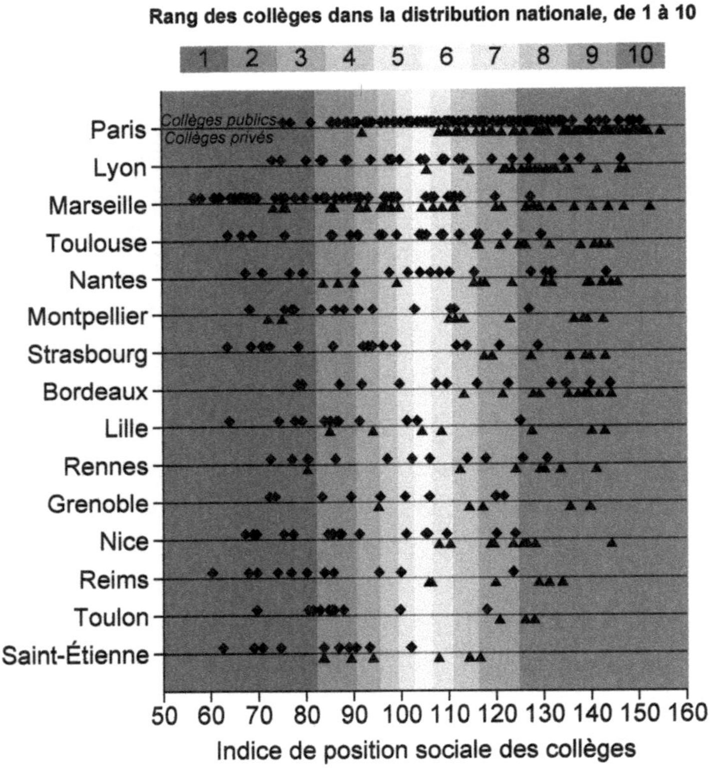

Note de lecture: Chaque ligne correspond à une commune. Autour de ces lignes, chaque losange correspond à un collège public de la ville considérée et chaque triangle correspond à un collège privé sous contrat. Les établissements sont placés sur la ligne en fonction de leur IPS: plus ils se situent à droite, plus leur composition sociale est favorisée. L'interprétation des IPS n'étant pas intuitive, le fond du graphique permet de situer ces collèges dans la distribution nationale: l'ensemble des collèges ont été classés de 1 à 10 en fonction de leur IPS. Les collèges de rang 1 font partie des 10 %

de collèges à la composition sociale la moins favorisée à l'échelle nationale, tandis que ceux de rang 10 font partie des 10 % de collèges à la composition sociale la plus favorisée à cette même échelle.

Source: Traitements de l'auteur à partir du fichier sur les indices de position sociale du ministère de l'Éducation nationale pour la rentrée 2021.

Les collèges de la capitale sont représentés sur la première ligne de la figure 2. Un premier constat saisissant est l'extrême dispersion des IPS des collèges parisiens : le collège le plus défavorisé a un IPS de 76, ce qui équivaut au type 1 à l'échelle nationale, tandis que le plus favorisé a un IPS de 155, correspondant au type 10 – au sein même de la capitale, les élèves font face à des environnements sociaux très différents selon le collège qu'ils fréquentent. Un second constat marquant est la différence de composition sociale entre les collèges publics et privés. Si on retrouve des collèges publics avec tous types de composition sociale, la quasi-totalité des établissements privés ont une composition sociale plutôt, voire très favorisée à l'échelle nationale : la plupart d'entre eux figurent parmi les 10 % de collèges les plus socialement favorisés.

Cette situation de ségrégation sociale à l'échelle de la capitale a été mise au jour depuis plusieurs années par le chercheur Julien Grenet[1].

1. Voir notamment la présentation faite à la Direction des affaires scolaires de la Ville de Paris en 2016 : http://www.parisschoolofeconomics.com/grenet-julien/Other/Slides_multi_college.pdf. Ces statistiques ont été reprises par le chercheur Thomas Piketty dans une tribune au journal *Le Monde*, avec pour conséquence de relancer le débat sur la ségrégation

La situation dans les autres territoires restait, avant la publication des IPS, peu documentée[1]. D'où cette question: peut-on parler d'une exception parisienne en la matière?

La figure 2 permet de clairement répondre par la négative: d'autres très grandes villes, Lyon et Bordeaux notamment, sont traversées par des phénomènes similaires, à savoir des écarts considérables au sein du secteur public et un secteur privé dont la quasi-totalité des collèges accueillent une population socialement favorisée. Toulouse et Nice présentent également des configurations semblables, à une différence près : les collèges les plus favorisés y relèvent presque exclusivement du secteur privé.

D'autres configurations peuvent être repérées à l'échelle de la commune, comme l'illustre de manière éloquente le cas marseillais. Parallèlement à ce qui s'observe dans les autres grandes villes, on y relève des disparités significatives dans la composition sociale des collèges, mais leur ampleur est plus marquée. En particulier, la proportion

---

sociale au collège : «Le gouvernement souhaite-t-il vraiment la mixité sociale?», *Le Monde*, 31 août 2016.

1. Voir notamment: Aude Cadoret, «La mixité sociale des collèges de Clermont-Ferrand», *Géographie de l'école*, DEPP, décembre 2017, p. 96-115 ou encore Cédric Hugrée et Tristan Poullaouec, «Comprendre les dessous de la carte scolaire (1/2) - Une forte ségrégation sociale entre collèges publics et privés», 2021, *in* François Madoré et Jean Rivière (coord.), *Atlas social de la métropole nantaise*, https://asmn.univ-nantes.fr.

extrêmement grande de collèges très défavorisés dans cette ville est frappante : parmi les 91 collèges marseillais, 30 font partie des 10 % les plus défavorisés à l'échelle nationale, illustrant pour partie les nombreuses poches de pauvreté de la ville. Autre constat singulier : des différences importantes de composition sociale s'observent au sein même du secteur privé, ce que reflète la répartition des collèges appartenant à ce secteur sur l'ensemble de la ligne du graphique. Par exemple, parmi les établissements marseillais socialement très défavorisés, certains appartiennent au secteur privé. À l'autre extrême, 13 collèges privés phocéens font partie des 10 % de collèges les plus favorisés à l'échelle nationale, tandis que c'est le cas d'un seul collège public. Une situation relativement semblable s'observe à Lille ou encore à Montpellier.

Figure 3 – Distribution de l'indice de position sociale des collèges dans les plus grandes villes

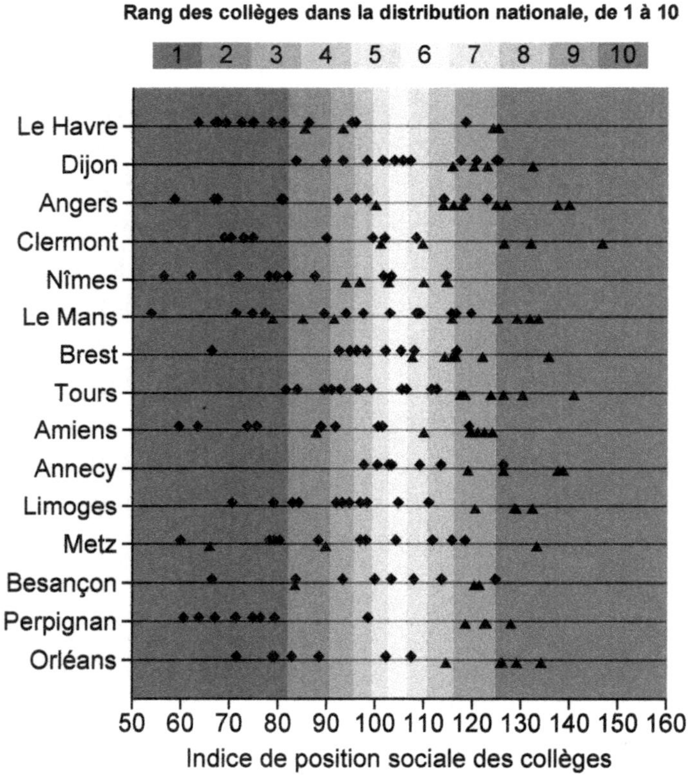

Note de lecture: Voir les notes de la figure 2.

Source: Traitements de l'auteur à partir du fichier sur les indices de position sociale du ministère de l'Éducation nationale pour la rentrée 2021.

Si la ségrégation sociale caractérise l'ensemble des plus grands centres urbains, elle se matérialise donc sous différentes formes. Le débat public a par ailleurs tendance à se concentrer sur ce type de territoires, lorsqu'il ne se limite pas à traiter de la question parisienne. Or, l'étude des IPS par commune permet également de montrer que la ségrégation scolaire est loin d'être un phénomène propre au centre des plus grandes métropoles : dans des villes de taille plus modeste aussi, il peut exister des écarts importants de composition sociale entre collèges.

La figure 3 laisse apparaître des situations de ségrégation particulièrement aiguë au sein de certaines d'entre elles. Ainsi, à Tours, Limoges ou encore Orléans, s'opère une scission claire entre, d'une part, des collèges publics à la composition sociale défavorisée ou moyenne et, d'autre part, des collèges privés à la composition sociale plutôt, voire très favorisée. L'exemple de Perpignan est plus saisissant encore, avec d'un côté des collèges publics à la composition sociale extrêmement défavorisée, et de l'autre un secteur privé sous contrat dont les établissements ont une composition sociale bien plus favorisée. Plus précisément, parmi les huit collèges publics que compte la ville, sept font partie des collèges les plus défavorisés à l'échelle nationale, le huitième ayant un type 4. À l'inverse, les quatre collèges privés situés sur cette commune font partie des 20 % d'établissements les plus favorisés à l'échelle nationale.

L'ensemble de ces statistiques au niveau communal mettent en évidence des situations de forte ségrégation sur des territoires restreints. Voilà une manifestation sur le terrain scolaire des différences de composition sociale entre quartiers, pourrait-on penser, tant les communes sont traversées par des phénomènes de ségrégation résidentielle[1]. Par exemple, le secrétaire général de l'Enseignement catholique (SGEC), Philippe Delorme, répondant à ceux qui jettent la pierre aux établissements issus de son mouvement, met régulièrement en avant l'implantation historique des établissements privés comme explication principale de leur recrutement social favorisé[2]. Pour vérifier cette hypothèse, il convient de resserrer encore la focale.

Passer les frontières sociales comme on traverse la rue

Les écarts de composition sociale entre établissements scolaires paraissent d'autant moins justifiés qu'ils se constatent entre établissements voisins. D'où cette question : dans quelle mesure retrouve-t-on des collèges proches géographiquement, mais

1. Voir notamment Mathilde Gerardin et Julien Pramil, « En 15 ans, les disparités entre quartiers, mesurées selon le revenu, se sont accentuées dans la plupart des grandes villes », *INSEE Analyses*, n° 79, janvier 2023.

2. Voir par exemple le discours tenu à l'occasion de la conférence de presse de rentrée 2022 du SGEC : https://enseignement-catholique.fr/wp-content/uploads/2022/09/Discours_Ph_Delorme_ConfDePresse2022-1.pdf

se distinguant particulièrement par leur composition sociale ?

Plusieurs recherches se sont attelées à répondre à cette question. Dans la région parisienne, une étude menée par des statisticiens de l'INSEE et du ministère de l'Éducation nationale souligne que la plupart des collèges ne se distinguent pas de leurs voisins par les caractéristiques sociales du public accueilli[1]. Cependant, les auteurs arrivent à identifier deux groupes de collèges. D'une part, ceux qui sont socialement favorisés, mais situés à proximité de collèges défavorisés et, d'autre part, ceux qui sont socialement défavorisés, mais voisins de collèges socialement favorisés : les collèges privés constituent la quasi-totalité du premier groupe tandis qu'ils sont absents du second groupe. Dans une étude sur les collèges parisiens dirigée par Julien Grenet, nous avons cartographié la composition sociale de ces établissements, laissant apparaître des contrastes majeurs entre collèges situés dans un même arrondissement[2].

Dans une tentative de généraliser ce constat à l'échelle du territoire national, nous avons cherché, avec le sociologue Hugo Botton cette fois, à quantifier

---

1. Pauline Givord, Marine Guillerm, Olivier Monso et Fabrice Murat, « La ségrégation sociale entre les collèges. Quelles différences entre public et privé, aux niveaux national, académique et local ? », *Éducation & formations*, n° 91, 2016, p. 53-76.

2. Julien Grenet et Youssef Souidi, *Renforcer la mixité sociale au collège : une évaluation des secteurs multi-collèges à Paris*, rapport n° 31, Institut des politiques publiques, 2021.

le nombre de configurations au sein desquelles deux collèges proches géographiquement se distinguent par leur composition sociale[1]. Nous avons pour cela identifié sur l'ensemble du territoire français les couples de collèges se situant à moins de 15 minutes à pied, un temps de trajet qui peut être considéré comme raisonnable pour un collégien. Puis, nous avons cherché à distinguer parmi ces couples ceux qui sont constitués d'un collège socialement très défavorisé et d'un collège socialement favorisé[2]. Nous en arrivons alors à la conclusion qu'il existait, à la rentrée 2021, 192 collèges très défavorisés situés à proximité de collèges favorisés, ce qui est loin d'être dérisoire: ce sont près de 92 000 collégiens qui suivaient alors leur scolarité dans un établissement socialement très défavorisé, situé à moins de 15 minutes à pied d'un collège socialement favorisé. Pour avoir en tête un ordre de grandeur, ce nombre est légèrement supérieur aux effectifs de collégiens scolarisés chaque année dans l'académie de Paris.

Peut-on dégager des caractéristiques communes à ces couples de collèges? Premier constat: dans près de neuf cas sur dix, ces paires d'établissements sont constituées d'un collège *public* très défavorisé et d'un

1. Hugo Botton et Youssef Souidi, « Le collège d'à-côté », La Vie des idées, 2022.

2. Ici, un collège socialement très défavorisé fait partie des 20 % de collèges les moins socialement favorisés à l'échelle nationale, tandis qu'un collège socialement favorisé fait partie des 40 % de collèges les plus favorisés à cette même échelle, la composition sociale étant calculée à partir des IPS.

collège *privé* favorisé. Par ailleurs, elles se retrouvent majoritairement dans des territoires urbains très denses, comme l'illustrent la figure 4 et le tableau 1. Toutes les métropoles ne sont toutefois pas touchées par ce phénomène. Celles situées sur la pointe bretonne, par exemple, sont exemptes de telles configurations. À l'inverse, des collèges éloignés socialement bien que proches géographiquement se retrouvent dans des communes de taille plus modeste, à l'image de Béziers ou encore de Carpentras.

Tableau 1 – Communes et types de communes où se trouvent des collèges très défavorisés à proximité d'un collège favorisé, à la rentrée 2021.

Type de communes	Nombre de configurations	Liste des communes (département)
Aire d'attraction de Paris	63	Argenteuil (95), Athis-Mons (91), Aubervilliers (93), Aulnay-sous-Bois (93), Bondy (93), Champigny-sur-Marne (94), Choisy-le-Roi (94), Clichy (92), Drancy (93), Fontenay-sous-Bois (94), Le Bourget (93), Montreuil (93), Nanterre (92), Pantin (93), Paris (75), Poissy (78), Saint-Denis (93), Sarcelles (95), Savigny-sur-Orge (91), Villiers-le-Bel (95), Vitry-sur-Seine (94), Épinay-sur-Seine (93), Évry-Courcouronnes (91)

Type de communes	Nombre de configurations	Liste des communes (département)
Autres très grandes villes ou situées dans l'aire d'attraction de très grandes villes	51	Aix-en-Provence (13), Armentières (59), Bordeaux (33), Grenoble (38), Lille (59), Lunel (34), Lyon (69), Marseille (13), Montpellier (34), Nantes (44), Oullins (69), Rennes (35), Rillieux-la-Pape (69), Roubaix (59), Saint-Victoret (13), Strasbourg (67), Thionville (57), Tourcoing (59), Villeurbanne (69), Vénissieux (69)
Grandes villes ou situées dans l'aire d'attraction de grandes villes	67	Angers (49), Avignon (84), Bayonne (64), Caen (14), Cannes (06), Dijon (21), Doullens (80), Dunkerque (59), Fort-de-France (972), Grasse (06), La Rochelle (17), La Seyne-sur-Mer (83), Le Mans (72), Les Abymes (971), Metz (57), Mulhouse (68), Nice (06), Nîmes (30), Pau (64), Perpignan (66), Pointe-à-Pitre (971), Reims (51), Rouen (76), Saint-André (974), Saint-Chamond (42), Saint-Denis (974), Saint-Pierre (974), Saint-Étienne (42), Toulon (83), Tours (37), Troyes (10), Valence (26), Valenciennes (59)

Type de communes	Nombre de configurations	Liste des communes (département)
Villes moyennes ou situées dans l'aire d'attraction de villes moyennes	51	Alençon (61), Alès (30), Arles (13), Beauvais (60), Belfort (90), Boulogne-sur-Mer (62), Brives-Charensac (43), Béziers (34), Calais (62), Carcassonne (11), Carpentras (84), Cayenne (973), Charleville-Mézières (08), Cherbourg-en-Cotentin (50), Cluses (74), Compiègne (60), Lisieux (14), Lugny (71), Manosque (04), Maubeuge (59), Roanne (42), Romans-sur-Isère (26), Saint-Dié-des-Vosges (88), Saint-Malo (35), Saint-Martin-Boulogne (62), Saint-Paul (974), Saint-Quentin (02), Salon-de-Provence (13), Saumur (49), Sens (89), Tarbes (65), Évreux (27)
Petites villes ou situées dans l'aire d'attraction de petites villes	14	Aire-sur-la-Lys (62), Châteaubriant (44), Digne-les-Bains (04), Fécamp (76), Merville (59), Noyon (60), Pierrelatte (26), Romilly-sur-Seine (10), Romorantin-Lanthenay (41), Sète (34), Vitry-le-François (51)
Autre	1	Saint-Étienne-de-Baïgorry (64)

Note de lecture : Ce tableau présente les communes dans lesquelles on trouve à la rentrée 2021 des couples de collèges proches géographiquement

mais à la composition sociale éloignée, tels qu'ils ont été définis dans le corps du texte.
Le type de commune est défini à l'aide de la typologie en aires d'attraction des villes de l'INSEE. L'aire d'attraction des « autres très grandes villes » correspond aux aires de 700 000 habitants ou plus (hors Paris). L'aire d'attraction des « grandes villes » correspond aux aires de 200 000 à moins de 700 000 habitants. L'aire d'attraction des « villes moyennes » aux aires de 50 000 à moins de 200 000 habitants. L'aire d'attraction des « petites villes » aux aires de moins de 50 000 habitants.

Source: Traitements des auteurs à partir du fichier sur les indices de position sociale du ministère de l'Éducation nationale pour la rentrée 2021 et des données *OpenStreetMap*.

Figure 4 – Nombre de collèges très défavorisés à proximité d'un collège favorisé, par département à la rentrée 2021

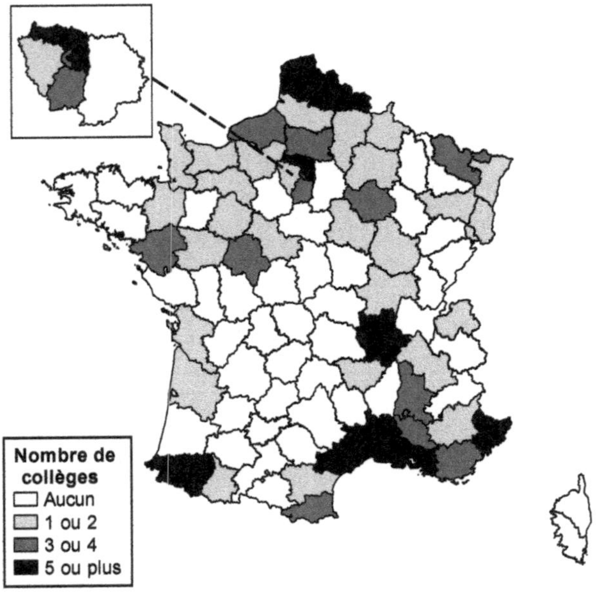

Note de lecture: Cette carte de la France métropolitaine indique le nombre de collèges socialement très défavorisés situés à moins de 15 minutes à pied d'un collège socialement favorisé à la rentrée 2021, tel que défini dans le corps du texte, par département.

Source: Traitements des auteurs à partir du fichier sur les indices de position sociale du ministère de l'Éducation nationale pour la rentrée 2021 et des données *OpenStreetMap*.

Au-delà de ces considérations générales, il est important de noter que la distance sociale entre collèges voisins est parfois extrême. À Roubaix, par exemple, un collège public faisant partie des 10 % les moins favorisés à l'échelle nationale se situe à 8 minutes à pied d'un collège faisant partie des 10 % les plus favorisés, et qui relève, lui, du secteur privé. La distance géographique peut quant à elle s'avérer infime : des situations de collèges géographiquement proches, mais socialement différenciés, s'observent pour des temps de trajet parfois inférieurs à cinq minutes[1].

Ces résultats sont d'autant plus frappants que c'est une conception restrictive de la proximité spatiale qui est ici utilisée. Le nombre de collèges proches géographiquement mais différents socialement serait certainement plus élevé en utilisant

1. Ce seuil de cinq minutes est par ailleurs celui qui a été choisi pour définir la proximité entre deux écoles primaires, puisqu'il semble plus difficile de faire traverser des distances longues à des enfants de cet âge. Malgré cette définition restrictive de la proximité, nous constatons que près de 38 000 écoliers sont scolarisés dans une école très défavorisée, située à proximité d'une école favorisée. Lorsqu'une école favorisée se trouve à proximité d'une école très défavorisée, il s'agit, dans près de neuf cas sur dix, d'une école privée.

un mode de calcul du temps de trajet alternatif – en prenant pour référence les trajets en transports en commun, par exemple. Les chiffres qui sont jusque-là avancés sur la ségrégation entre collèges proches peuvent à cet égard être considérés comme relativement prudents.

Chapitre 2

Mettre ses voisins à distance ?

Dans quelle mesure les élèves font-ils face, dans la cour de récréation, à un environnement social différent de celui de leur quartier de résidence ? Jusque-là, le diagnostic de la ségrégation sociale reposait essentiellement sur des comparaisons entre établissements. Cependant, une autre manière d'appréhender ce phénomène est de se placer au niveau de l'individu : à quel point l'environnement social du collège qu'il fréquente est-il différent de celui de son lieu d'habitation ?

Comparer la composition sociale du voisinage à celle du collège fréquenté

L'interrogation fondamentale qui guide ce chapitre soulève un défi méthodologique considérable : définir, pour chaque élève, ses voisins et donc camarades de collège potentiels. Une approche consiste à considérer qu'un élève a approximativement autant de voisins qu'il aura de camarades au collège.

Le nombre médian d'élèves pour un niveau scolaire donné au collège s'élève à 122. On va donc considérer comme voisins, pour chaque élève de sixième, les 122 élèves du même âge dont l'adresse de résidence est la plus proche du domicile de ce même élève.

Une fois les voisins identifiés, on calcule pour chaque élève la composition sociale de son voisinage, mais aussi celle qui prévaut dans le collège qu'il fréquente: à quel point ces deux valeurs se distinguent-elles?

De la rue au bahut, des chemins socialement balisés

La figure 5 indique que la part d'élèves socialement favorisés parmi les voisins n'est pas parfaitement prédictive de celle du collège fréquenté : au contraire, seule une minorité d'élèves de sixième sont inscrits dans un collège dont la composition sociale reflète fidèlement celle du voisinage. On observe à cet égard des dynamiques différentes selon l'origine sociale des élèves.

Figure 5 – Répartition des élèves selon la différence entre la part d'élèves socialement favorisés parmi leurs camarades de collège et celle constatée dans leur voisinage

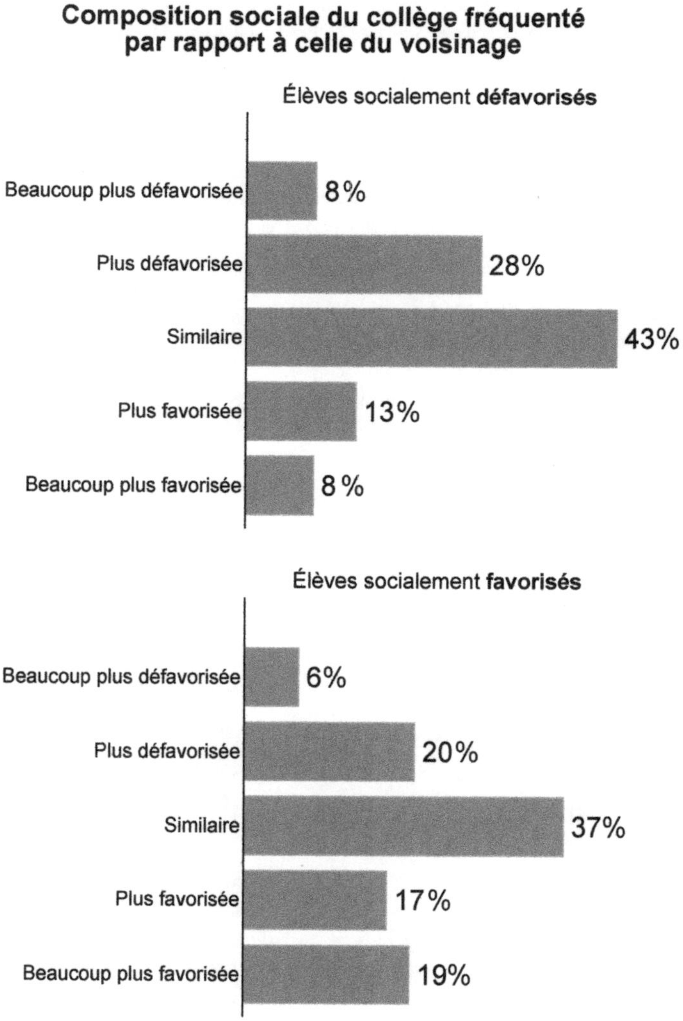

Note de lecture : Ce graphique indique la répartition des élèves de sixième selon la différence entre, d'une part, le pourcentage d'élèves socialement favorisés dans le collège qu'ils fréquentent et, d'autre part, celui constaté parmi leurs 122 voisins les plus proches. On présente les résultats séparément pour les élèves socialement défavorisés et les élèves socialement favorisés. Parmi les élèves socialement défavorisés, 8 % fréquentent un collège dont la composition sociale est beaucoup plus défavorisée que celle de leur voisinage. Cette configuration concerne 6 % des élèves socialement favorisés.
La composition sociale du collège par rapport à celle du voisinage est considérée comme beaucoup plus défavorisée lorsqu'elle lui est inférieure de plus de 15 points de pourcentage ; plus défavorisée lorsqu'elle lui est inférieure de 5 points de pourcentage ; plus favorisée lorsqu'elle lui est supérieure à 5 points de pourcentage ; et beaucoup plus favorisée lorsqu'elle lui est supérieure à 15 points de pourcentage.
La définition de l'origine sociale des élèves est développée dans l'annexe technique.

Source : Calculs de l'auteur à partir du fichier géolocalisé des élèves pour la rentrée 2019, ministère de l'Éducation nationale, DEPP.

Article de référence : Youssef Souidi, *School Segregation : Is it All About Residential Sorting ? Evidence From a Nationwide School System*, document de travail, 2024.

Plus précisément, la partie supérieure de la figure 5 s'intéresse aux élèves socialement défavorisés et présente leur répartition, selon qu'ils fréquentent un collège dont la composition sociale est plus défavorisée, similaire, ou plus favorisée que celle de leur voisinage. Le plus fréquemment (43 % des élèves), la part d'élèves socialement défavorisés dans le collège est similaire à celle constatée dans le voisinage[1].

1. On considère qu'un élève a une proportion similaire d'élèves socialement favorisés dans son voisinage et dans son établissement si la différence entre ces deux quantités est inférieure à 5 points de pourcentage. On dit que ces environnements sociaux sont différents (composition sociale du collège « plus défavorisée » ou « plus favorisée ») si la

Cependant, une proportion non négligeable d'entre eux est inscrite dans un collège dont la composition sociale est moins favorisée (cette situation concerne 28 % des élèves), voire bien moins favorisée (8 %) que celle du voisinage. Au contraire, une partie des élèves défavorisés sont inscrits dans un collège où les élèves socialement favorisés sont surreprésentés (13 %), voire largement surreprésentés (8 %), relativement à leur voisinage.

La même information est exposée, cette fois pour les élèves socialement favorisés, dans la partie inférieure de la figure 5. Là encore, la situation la plus courante, tout en restant minoritaire, est la fréquentation d'un collège à la composition sociale similaire à celle du voisinage (37 % des élèves). Une partie des élèves fréquentent un collège à la composition sociale plus défavorisée (20 %), voire largement plus défavorisée (6 %), que leur voisinage. En comparant avec les chiffres indiqués plus haut, on remarque que ce type de configuration se retrouve moins souvent parmi les élèves socialement favorisés que parmi ceux qui ont une origine sociale défavorisée. En revanche, les premiers se caractérisent par une propension plus forte à fréquenter un collège où la part d'élèves partageant

---

différence dépasse 5 points de pourcentage. Et on considère qu'ils sont très différents («beaucoup plus défavorisée» ou «beaucoup plus favorisée») lorsque cette différence dépasse 15 points de pourcentage.

cette même origine sociale est surreprésentée (17 %), et même largement surreprésentée (19 %).

À l'échelle individuelle, il est donc fréquent qu'un élève de sixième soit inscrit dans un collège dont la composition sociale ne reflète pas celle de son voisinage. Lorsque c'est le cas, les élèves socialement défavorisés vont plus souvent fréquenter un collège à la composition sociale moins favorisée que le voisinage. Le constat inverse prévaut pour les élèves socialement favorisés.

Les lieux de la distinction

Au-delà de ce résultat général, on peut supposer que des dynamiques différentes sont à l'œuvre selon que les élèves résident dans un voisinage particulièrement défavorisé, ou dans un voisinage plus mixte. Pour le dire autrement, ces écarts entre la composition sociale du collège fréquenté et celle du voisinage dépendent-ils de la tonalité sociale du lieu de résidence?

Figure 6 – Part d'élèves socialement favorisés parmi les voisins et parmi les camarades de collèges, par type de voisinage

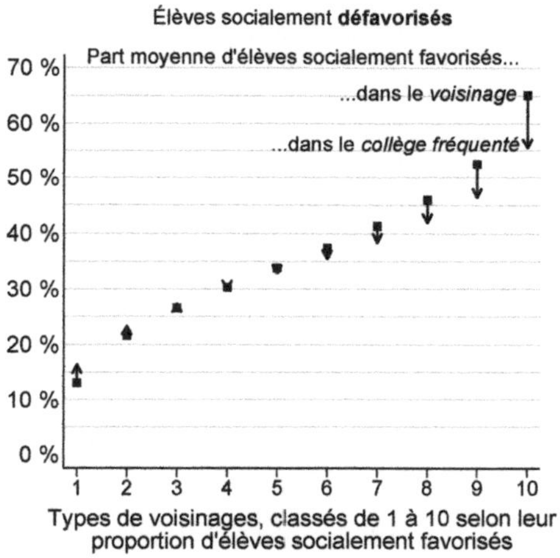

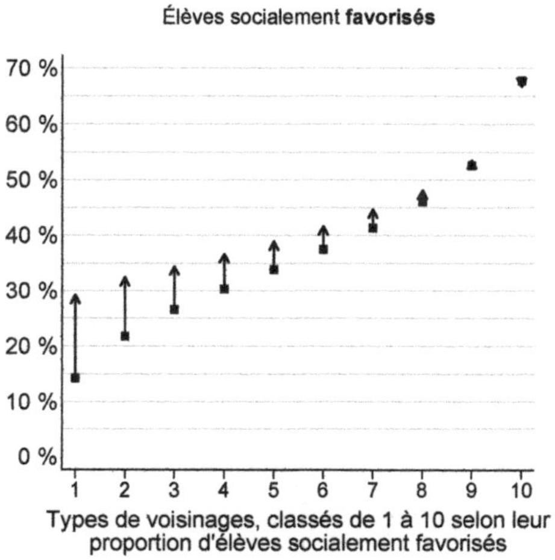

Note de lecture: Ce graphique indique, pour les élèves de sixième, la part moyenne d'élèves socialement favorisés parmi leurs 122 voisins les plus proches ainsi que celle constatée dans le collège qu'ils fréquentent, selon leur type de voisinage. Les élèves ont été classés en 10 catégories, selon la part d'élèves socialement favorisés parmi leurs voisins: le type 1 regroupe les 10 % d'élèves pour lesquels cette proportion est la plus faible, le type 10 les 10 % d'élèves pour lesquels cette proportion est la plus élevée. On présente les résultats séparément pour les élèves socialement défavorisés et les élèves socialement favorisés.
Les élèves socialement défavorisés résidant dans un voisinage de type 10 (le plus favorisé) ont en moyenne 65 % d'élèves socialement favorisés parmi leurs voisins mais seulement 55 % d'élèves socialement favorisés parmi leurs camarades de collège. Les élèves socialement favorisés résidant dans ce même type de voisinage ont en moyenne 68 % d'élèves socialement favorisés parmi leurs voisins, mais aussi parmi leurs camarades de collèges.
La définition de l'origine sociale est développée dans l'annexe technique.

Source: Calculs de l'auteur à partir du fichier géolocalisé des élèves pour la rentrée 2019, ministère de l'Éducation nationale, DEPP.

Article de référence: Youssef Souidi, *School Segregation: Is it All About Residential Sorting? Evidence From a Nationwide School System*, document de travail, 2024.

Afin de mieux tenir compte de la diversité sociale des lieux de résidence, l'ensemble des élèves sont classés selon la composition sociale de leur voisinage et sont répartis en dix groupes de taille égale. Les 10 % d'élèves dont la part de voisins favorisés est la plus faible sont classés dans le premier groupe: on considère alors qu'ils se situent dans un voisinage de type 1. Ceux faisant partie du dernier groupe (voisinage de type 10) sont les 10 % d'élèves dont la part de voisins socialement favorisés est la plus forte.

Pour chaque type de voisinage, la part d'élèves socialement favorisés parmi les voisins est représentée par des carrés dans la figure 6. Ces symboles permettent de voir l'étendue de la ségrégation résidentielle : les 10 % d'élèves de sixième ayant le voisinage le plus défavorisé ont environ 14 % d'élèves socialement favorisés parmi leurs voisins. À l'autre extrême, les 10 % d'élèves ayant le voisinage le plus favorisé ont autour de 65 % d'élèves eux aussi socialement favorisés parmi leurs voisins.

La pointe des flèches indique quant à elle la part moyenne d'élèves socialement favorisés dans les collèges fréquentés par les élèves situés dans ces différents groupes de voisinages. La taille des flèches permet d'illustrer la différence entre la composition sociale du voisinage et celle du collège fréquenté.

À première vue, ces graphiques permettent de distinguer deux types d'élèves socialement défavorisés. Ceux qui résident dans les quartiers les plus défavorisés fréquentent en moyenne un collège où le pourcentage d'élèves socialement favorisés est soit légèrement supérieur, soit égal à celui constaté dans leur voisinage. En revanche, ceux qui résident dans des quartiers mixtes ou huppés sont scolarisés dans des collèges où la part d'élèves socialement favorisés est inférieure à celle de leur voisinage. Par exemple, ceux résidant dans le voisinage le plus favorisé ont 65 % d'élèves socialement favorisés parmi leurs voisins, tandis que cette proportion plafonne à 55 % parmi leurs camarades de collège.

La situation est très différente pour les élèves socialement favorisés. Ceux qui ont le voisinage le moins favorisé fréquentent des collèges où la proportion d'élèves socialement favorisés s'élève à 28 %, soit le double de celle constatée parmi leurs voisins (14 %). Autrement dit, ces élèves évoluent dans un environnement scolaire bien plus socialement favorisé que leur environnement résidentiel. De manière générale, plus les élèves socialement favorisés résident dans des voisinages eux-mêmes socialement favorisés, plus le profil social de leurs camarades de collège ressemble à celui de leurs voisins.

Cet écart entre la composition sociale des camarades de collège et celui des voisins pour les élèves socialement favorisés montre bien que le lien entre mixité scolaire et mixité résidentielle n'est pas automatique. En l'état actuel des choses, il semble que les familles socialement favorisées qui acceptent – ou sont contraintes – de résider dans des quartiers où elles sont sous-représentées sont attentives aux fréquentations de leurs enfants: ils se retrouvent dans des collèges à la composition sociale bien plus favorisée que ce que laisserait présager le voisinage.

Bien entendu, on aurait tort de faire des catégories sociales favorisées un ensemble uniforme, comme le montre la figure 7. Certes, lorsque leur voisinage est de type 1, une majorité sont inscrits dans un collège où les élèves favorisés sont surreprésentés, relativement au voisinage. Néanmoins, 8 % fréquentent un collège dont les élèves sont relativement défavorisés comparé au voisinage. Dans les voisinages de type 10, cette situation concerne 41 % des élèves socialement favorisés[1].

Quant aux élèves socialement défavorisés, on observe là aussi que plus ils résident à proximité de voisins socialement favorisés, plus leur propension à fréquenter un environnement scolaire moins favorisé que leur environnement résidentiel est grande. Cette tendance est néanmoins largement accentuée comparée aux élèves socialement favorisés : elle s'échelonne de 21 % pour ceux résidant dans un voisinage de type 1, à 64 % lorsque leur voisinage est de type 10.

1. Ce chiffre de 41 % comprend à la fois les élèves scolarisés dans un collège plus défavorisé (25 %) et beaucoup plus défavorisé (16 %) que le voisinage.

Figure 7 – Répartition des élèves selon la différence entre la part d'élèves socialement favorisés parmi leurs camarades de collège et celle constatée dans leur voisinage, par type de voisinage

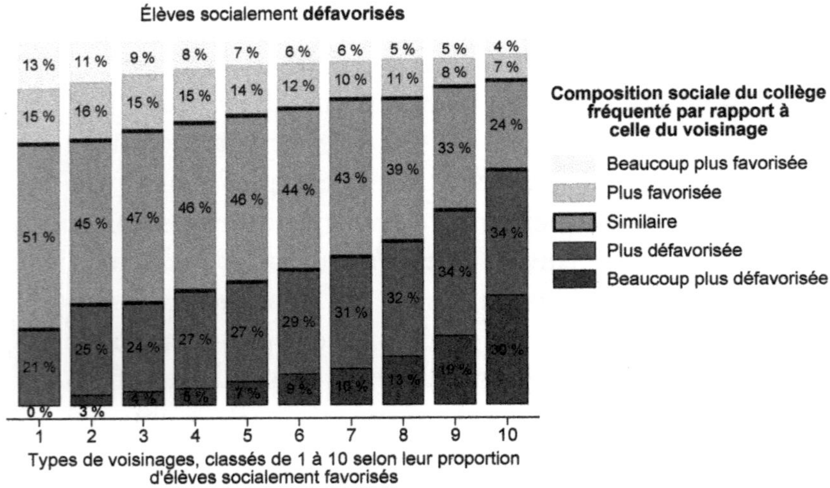

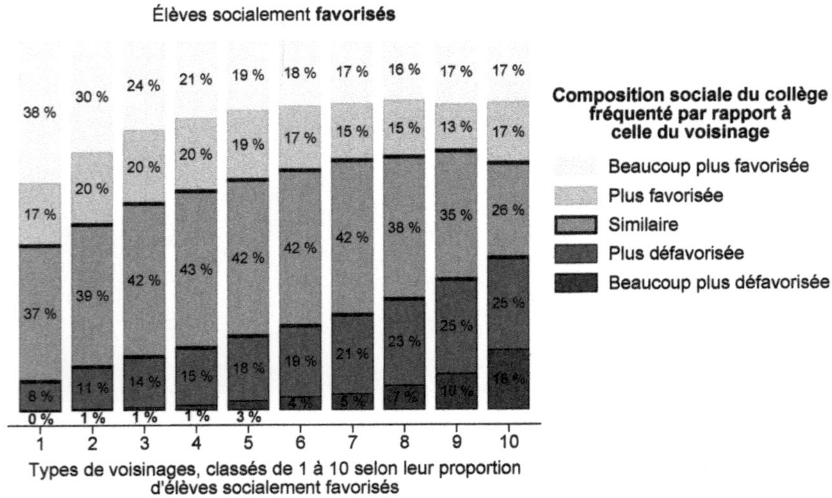

Note de lecture : Ce graphique indique la répartition des élèves de sixième selon la différence entre, d'une part, le pourcentage d'élèves socialement favorisés dans le collège qu'ils fréquentent et, d'autre part, celui constaté parmi leurs 122 voisins les plus proches, et selon leur type de voisinage.
Les élèves ont été classés en 10 catégories, selon la part d'élèves socialement favorisés parmi leurs voisins : le type 1 regroupe les 10 % d'élèves pour lesquels cette proportion est la plus faible, le type 10 les 10 % d'élèves pour lesquels cette proportion est la plus élevée. On présente les résultats séparément pour les élèves socialement défavorisés et les élèves socialement favorisés.
Parmi les élèves socialement défavorisés, résidant dans un voisinage de type 1 (le plus défavorisé), 13 % des élèves fréquentent un collège dont la composition sociale est beaucoup plus favorisée que le voisinage. Cette configuration concerne 38 % des élèves socialement favorisés.
La définition de l'origine sociale des élèves est développée dans l'annexe technique. La catégorisation des différences est détaillée dans la légende de la figure 5.

Source : Calculs de l'auteur à partir du fichier géolocalisé des élèves pour la rentrée 2019, ministère de l'Éducation nationale, DEPP.

Article de référence : Youssef Souidi, *School Segregation : Is it All About Residential Sorting ? Evidence From a Nationwide School System*, document de travail, 2024.

Il apparaît donc que le lien entre contextes résidentiel et scolaire est plus ténu que ce que l'on pourrait penser *a priori*. S'il est fréquent que la composition sociale de l'environnement scolaire d'un élève soit similaire à celle de son environnement résidentiel, cette situation reste minoritaire. Dans les quartiers les plus défavorisés, une majorité d'élèves socialement favorisés fréquentent un établissement à la composition sociale plus, voire bien plus favorisée que celle de leur voisinage. Dans les quartiers les plus favorisés, les élèves socialement défavorisés sont en majorité scolarisés dans des collèges où ils se retrouvent surreprésentés, relativement à leur voisinage. La formule selon laquelle la proximité spatiale n'empêche pas la distance sociale prend, en matière scolaire, une résonance bien particulière[1].

1. Jean-Claude Chamboredon et Madeleine Lemaire, « Proximité spatiale et distance sociale. Les grands ensembles et leur peuplement », *Revue française de sociologie*, 1970, p. 3-33.

Chapitre 3

Compétences scolaires, origine ethnique, classes de niveau : les autres facettes de la ségrégation scolaire

En 2016, parmi les 25 % d'élèves au niveau scolaire le plus faible cinq ans après l'entrée en CP, 81 % ont une origine sociale défavorisée. À l'inverse, parmi les 25 % d'élèves au meilleur niveau scolaire, ce pourcentage est divisé par deux (41 %)[1]. Plus largement, la littérature scientifique montre qu'il existe une forte corrélation entre origine sociale et niveau de compétences scolaires.

Les recherches en sciences sociales ont également mis en avant la spécificité des caractéristiques sociales des familles d'élèves enfants d'immigrés. D'après une étude du sociologue Mathieu Ichou pour le Cnesco, parmi les enfants de parents non immigrés scolarisés en sixième à la rentrée 2007, 31 % ont

1. Voir le deuxième graphique du billet « Inégalités scolaires, conditions de vie et ressources parentales : quels obstacles sur le chemin de l'"école à la maison" ? », Blog IPP, mai 2020.

une mère diplômée du supérieur[1]. Il observe que cette proportion est inférieure chez les mères immigrées, tout en précisant que les enfants d'immigrés ne sauraient constituer un groupe homogène à cet égard. De la même manière, les sociologues Yaël Brinbaum, Géraldine Farges et Élise Tenret se sont intéressées aux caractéristiques socioprofessionnelles des élèves d'origine maghrébine, les comparant à celles des élèves dits français d'origine[2]. Elles estiment que la proportion d'élèves ayant au moins un parent ouvrier ou employé s'élève à plus de 70 % dans le premier groupe, tandis qu'elle est divisée par deux dans le second groupe (35 %).

Étudier la ségrégation sociale revient donc souvent à aborder de manière indirecte les dimensions ethniques et académiques. Il ne faudrait toutefois pas établir un lien d'équivalence totale entre ces différentes facettes de la ségrégation scolaire. Par exemple, dans un rapport de l'Institut des politiques publiques, Gabrielle Fack, Julien Grenet et Asma Benhenda ont montré que la mise en place d'une nouvelle procédure d'affectation aux lycées parisiens, à la rentrée 2008, a contribué à réduire de manière considérable la ségrégation sociale entre ces

1. Mathieu Ichou, « Performances scolaires des enfants d'immigrés : quelles évolutions ? », Contribution au rapport scientifique du Cnesco, septembre 2016.

2. Yaël Brinbaum, Géraldine Farges et Élise Tenret, « Trajectoires scolaires des élèves issus de l'immigration : quelles évolutions ? », Contribution au rapport scientifique du Cnesco, septembre 2016.

établissements à travers l'introduction d'un bonus pour les boursiers, sans pour autant diminuer le niveau de ségrégation académique du fait de l'importance accordée aux résultats scolaires des élèves[1].

Une ségrégation ethnique peu documentée

Les recherches et débats sur la ségrégation scolaire se focalisent majoritairement sur la question des différences de composition sociale. La France se distingue à cet égard de nombreux pays où le prisme ethnique prime pour aborder cette question : aux États-Unis bien sûr, étant donné l'histoire politique de ce pays, mais cette approche est également adoptée pour étudier la ségrégation dans des recherches européennes[2]. En Allemagne, par exemple, l'origine migratoire est une variable utilisée pour évaluer les probabilités d'accès aux filières les plus prestigieuses[3].

1. Voir Gabrielle Fack, Julien Grenet et Asma Benhenda, *L'impact des procédures de sectorisation et d'affectation sur la mixité sociale et scolaire dans les lycées d'Île-de-France*, rapport n° 3, Institut des politiques publiques, 2014.

2. Voir notamment la première partie de la revue littérature réalisée pour le Conseil d'évaluation de l'École : Pauline Charousset, Marion Monnet et Youssef Souidi, *Ségrégation sociale en milieu scolaire : appréhender ses causes et déterminer ses effets*, document de travail n° 23-02 du Conseil d'évaluation de l'École, 2023.

3. Ludger Wößmann, Florian Schoner, Vera Freundl et Franziska Pfaehler, « Der ifo-„Ein Herz für Kinder" – Chancenmonitor : Wie (un-) gerecht sind die Bildungschancen von Kindern aus verschiedenen Familien in Deutschland verteilt? », ifo Schnelldienst, vol. 76, n° 4, avril 2023.

Pour autant, la question de la ségrégation ethnique surgit de temps à autre, et de manière plus ou moins assumée, dans le débat public. À l'occasion d'une visite dans un quartier populaire de Montpellier en avril 2021, le président de la République Emmanuel Macron est interpellé par Naima Amadou, une mère de famille qui, confessant avoir inscrit sa fille dans un collège privé, déplore le manque de mixité sociale dans le collège du quartier[1]. Elle ajoute que son fils de 8 ans lui a demandé si le « prénom de Pierre existe vraiment, ou si ça n'est que dans les livres ». C'est dans cette même ville qu'en 2014, un collectif de parents d'élèves a entrepris plusieurs actions à la résonance médiatique nationale pour réclamer plus de mixité sociale et d'origine ethnique dans les établissements scolaires fréquentés par leurs enfants. Dans le Grand Lyon, le collectif No Ghetto tente également de sensibiliser les élus à l'importance d'une mixité « sociale et d'origine » dans les établissements scolaires.

Dans les œuvres culturelles aussi, lorsqu'il est question de ségrégation, la dimension ethnique est fréquemment évoquée. Si le rappeur havrais Médine met l'accent sur la dimension socio-économique de la ségrégation dans « Ratata » (« On a grandi qu'entre pauvres, dans un décor

1. « "Mon fils m'a demandé si le prénom Pierre existait vraiment" : Macron interpellé sur la mixité à Montpellier », *L'Obs*, 19 avril 2021.

d'entrepôt / J'crois qu'ils auraient dû mieux nous répartir[1] »), son homologue d'Orléans, Dosseh, évoque les prénoms à consonance maghrébine et subsaharienne de ceux avec qui il a grandi pour décrire son milieu d'origine dans « 25 décembre » : « Je suis lié à la rue, gros, j'suis connecté / J'ai grandi parmi des El Messaoudi, des Coulibaly et des Konaté[2]. » De même, dans les œuvres cinématographiques qui se sont emparées de la question de la ségrégation scolaire, la dimension ethnique revient souvent. Ainsi, dans le film *La Lutte des classes*[3], l'origine migratoire et la religion des élèves de l'école du quartier cristallisent les inquiétudes des parents. Plus récemment, dans *La Cour des miracles*[4], c'est la volonté d'avoir « des têtes blondes » parmi les élèves qui anime l'équipe de l'établissement évité par de nombreuses familles.

Toutefois, de manière plus générale, la question de la ségrégation scolaire sous l'angle de l'origine migratoire reste taboue dans un pays qui interdit par principe la collecte de données visant la réalisation de statistiques ethniques, tout en permettant des exceptions. Comme le notent les sociologues Georges Felouzis, Françoise Liot et Joëlle Perroton, auteurs d'une étude de référence sur cette question : « Rien ou presque dans la

1. Médine, « Ratata », *Médine France*, 2022.
2. Dosseh, « 25 décembre », *Yuri*, 2016.
3. Réalisé par Michel Leclerc, Karé Productions, 2019.
4. Réalisé par Carine May et Hakim Zouhani, Haut et Court, 2022.

statistique scolaire officielle ne permet de distinguer les élèves en fonction de leur origine éventuellement migratoire[1]. »

Au début des années 2000, ces trois sociologues se sont employés à estimer le niveau de ségrégation ethnique caractérisant les collèges de l'académie de Bordeaux. Pour ce faire, ils ont eu accès à des données comprenant l'établissement fréquenté, mais aussi la nationalité et le prénom de chaque collégien scolarisé sur ce territoire. Tout en exposant les limites de leur méthode, ils proposent d'utiliser ces deux dernières caractéristiques afin de classer les élèves en trois origines culturelles. Une première catégorie comprend les élèves originaires du Maghreb, d'Afrique subsaharienne et de Turquie, ce regroupement étant justifié par le fait que « les individus issus de ces aires culturelles sont susceptibles de faire l'objet de discrimination et de ségrégation ». Une deuxième catégorie englobe les élèves qualifiés d'« autres allochtones ». Enfin, un dernier groupe rassemble les élèves considérés comme autochtones en ce qu'ils sont censés ne pas être issus d'un parcours migratoire.

D'après leur typologie, parmi les collégiens de l'académie de Bordeaux, 4,7 % étaient d'origine maghrébine, d'Afrique subsaharienne ou de

1. Georges Felouzis, Françoise Liot et Joëlle Perroton, *L'Apartheid scolaire. Enquête sur la ségrégation ethnique dans les collèges*, Paris, Seuil, 2005.

Turquie au moment de l'étude. En l'absence de ségrégation ethnique, on retrouverait cette même proportion dans chacun des 333 collèges publics et privés sous contrat de l'académie. Or, les auteurs mettent en évidence une situation radicalement différente. Ils constatent que dans 81 établissements, les élèves se rattachant à cette origine culturelle représentent une part infime des effectifs (moins de 1 %). À l'autre bout du spectre, 17 collèges affichent des proportions d'élèves issus de cette aire culturelle allant de 20 % à 40 %. Proposant une autre manière de caractériser cette ségrégation, ces chercheurs calculent que quatre élèves sur dix issus du Maghreb, d'Afrique subsaharienne et de Turquie sont regroupés dans 10 % des collèges de l'académie de Bordeaux. Cette étude, quoique locale et relativement ancienne aujourd'hui, suggère donc que la ségrégation selon l'origine ethnique peut atteindre des niveaux substantiels[1].

Quelques grandes tendances de la ségrégation académique

Une autre manière d'appréhender la ségrégation est de le faire sous le prisme du niveau de compétences scolaires des élèves : en classant les

1. Ce type d'étude n'a pas été reproduit à partir de données françaises depuis lors.

élèves en différents groupes de niveaux, il est possible de voir s'ils sont répartis de manière équilibrée entre les établissements. Il est alors nécessaire d'avoir accès à des données sur leurs compétences scolaires au moment où ils entrent dans un nouvel établissement (école, collège, lycée). Cet obstacle se franchit aisément pour les lycéens : ces élèves ont déjà passé les épreuves du Diplôme national du brevet (DNB) dont les notes sont remontées dans les bases de données nationales, ce qui permet de mesurer de manière robuste la ségrégation académique à ce niveau de scolarité. De la même manière, au moment d'entrer dans l'enseignement supérieur, les résultats obtenus par les néo-étudiants au baccalauréat permettent d'estimer la ségrégation académique à ce niveau d'étude[1]. En revanche, il n'existe pas d'examen national précédant l'entrée en sixième, ce qui complique la mesure de la ségrégation académique au niveau des écoles élémentaires et des collèges.

1. Voir notamment: Nagui Bechichi, Julien Grenet et Georgia Thebault, *Ségrégation à l'entrée des études supérieures en France et en région parisienne: quels effets du passage à Parcoursup ?*, INSEE, document de travail, mars 2021 ; Pauline Barraud de Lagerie, Marco Oberti, Mathieu Rossignol-Brunet, Yannick Savina et Élise Tenret, *Analyse comparée des filières sélectives de l'enseignement supérieur en Île-de-France dans le domaine des sciences humaines et sociales*, rapport pour la DEPP, ministère de l'Éducation nationale, de la Jeunesse et des Sports et le SIES du ministère de l'Enseignement supérieur, de la Recherche et de l'Innovation, 2020.

Dans une étude pionnière sur le sujet réalisée pour le Cnesco et publiée en 2015, les économistes Son Ly et Arnaud Riegert ont mesuré la ségrégation académique au collège en utilisant les résultats au Diplôme national du brevet. Cette approche n'est certes pas idéale – dans la mesure où ces résultats ont eux-mêmes pu être influencés par le contexte scolaire dans lequel les élèves ont évolué au cours de leurs années de collège –, mais elle permet d'apporter des éléments qui, bien qu'imparfaits, ont contribué à la présentation d'une première esquisse de la ségrégation académique dans les établissements secondaires français.

Ces économistes se sont notamment intéressés aux élèves ayant obtenu les meilleurs résultats au Diplôme national du brevet et à leur répartition entre les différents établissements : leur proportion varie-t-elle considérablement, d'un collège à l'autre ? D'après leurs estimations, la ségrégation académique est relativement limitée au niveau du collège, comparée à celle qui prévaut au lycée. En particulier, en comparant la situation d'un collégien qui peut être considéré comme bon scolairement et d'un élève qui ne l'est pas, ils estiment que le premier aura une proportion légèrement plus grande de camarades de classe eux aussi bons élèves que le second[1]. Cette situation moyenne

1. D'après leur définition, la part de bons élèves au collège, mesurée à partir des résultats au DNB, est de 21 %. Ils fréquentent des établisse-

recouvre toutefois des situations très disparates: si la proportion de bons élèves au niveau national s'élève, d'après leur définition, à 21 %, un élève sur dix est scolarisé dans un collège où ce type d'élève ne représente que 6 % des effectifs. À l'inverse, 5 % des élèves comptent plus de 43 % de camarades bons élèves dans leur collège. Cette étude permet également de confirmer la forte corrélation entre ségrégations sociale et académique à une échelle plus locale: les départements qui ont les niveaux les plus élevés de ségrégation sociale au collège sont aussi ceux où la ségrégation académique est la plus importante, et inversement.

Depuis cette étude, de nouvelles données permettent de brosser à très gros traits le tableau de la ségrégation académique au collège. À partir de la rentrée 2017, des évaluations nationales ont été instaurées pour évaluer les compétences de l'ensemble des élèves d'un niveau donné en français et en mathématiques. En particulier, le ministère de l'Éducation nationale a publié un rapport portant sur les résultats obtenus par les élèves de sixième à la rentrée 2022[1].

---

ments où la part de bons élèves s'élève en moyenne à 27 %. Les autres collégiens ont, en moyenne, 19 % de bons élèves parmi leurs camarades de classe.

1. Ministère de l'Éducation nationale, *Évaluations de début de sixième 2022 – Premiers résultats*, document de travail n° 2022-E07, novembre 2022.

Figure 8 – Répartition des élèves selon leur niveau de compétences scolaires à l'entrée en sixième, par type de collège fréquenté

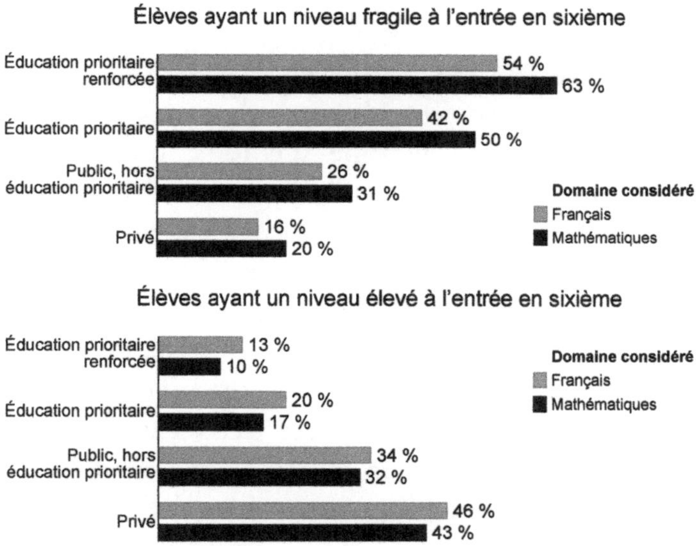

Note de lecture : Le graphique du haut indique, pour chaque type d'établissement, la part d'élèves ayant un niveau fragile à l'entrée en sixième en français et en mathématiques. 54 % des élèves scolarisés dans des établissements relevant de l'éducation prioritaire renforcée sont dans cette situation au regard de leurs résultats en français. Le graphique du bas affiche une information similaire, mais s'intéresse à la part d'élèves ayant un niveau élevé à l'entrée en sixième.

Source : Graphiques réalisés par l'auteur à partir des données présentées dans *Évaluations de début de sixième 2022. Premiers résultats*, ministère de l'Éducation nationale, DEPP.

En cette rentrée, 27 % des élèves de sixième ont un niveau qui peut être considéré comme faible en français, c'est-à-dire qu'ils n'ont pas « atteint le niveau à partir duquel les élèves commencent à être capables d'utiliser leurs compétences dans le contexte de leur entrée en classe de sixième ». Cette proportion connaît cependant des variations importantes selon le type d'établissement considéré, comme le montre la figure 8. En particulier, plus de la moitié (54 %) des élèves scolarisés dans les collèges qui relèvent de l'éducation prioritaire renforcée se trouvent dans une telle situation. À l'inverse, dans le secteur privé, moins de deux élèves sur dix (16 %) ont un niveau faible à l'entrée en sixième. Entre ces deux cas extrêmes, de grandes difficultés en français pénalisent quatre élèves sur dix de l'éducation prioritaire et près de trois élèves sur dix dans le secteur public hors éducation prioritaire.

Si l'on adopte une autre perspective sur cette question, en s'intéressant plutôt à la répartition des élèves ayant le meilleur niveau scolaire à l'entrée en sixième, un constat semblable se dégage. En particulier, près de la moitié des élèves scolarisés dans le secteur privé ont un haut niveau de maîtrise de compétences en français, tandis que c'est le cas d'un élève sur dix parmi les élèves fréquentant un établissement qui relève de l'éducation prioritaire renforcée. Les ordres de grandeur de la ségrégation académique restent par ailleurs similaires lorsque l'on prend pour indicateur les résultats aux tests de mathématiques.

À ce jour, il n'est malheureusement pas possible de documenter les écarts de niveaux scolaires entre établissements à une échelle plus fine. Au regard des éléments présentés, il apparaît néanmoins de manière claire que les collèges se caractérisent par de grandes différences dans le niveau scolaire moyen des élèves qu'ils accueillent.

Une fois les portes de l'établissement franchies, chacun dans sa classe ?

Si les éléments sur la ségrégation ethnique et académique ne permettent pas d'en dresser un panorama exhaustif, l'existence de disparités de composition sociale notables entre établissements est bien documentée. Eu égard aux statistiques mises en avant, il paraît également assez clair que la ségrégation urbaine ne constitue qu'une explication parmi d'autres de ce phénomène qui, loin d'être propre à la capitale, se retrouve dans des communes de taille plus modeste.

Ce qu'on appelle ségrégation inter-établissements ne constitue cependant qu'une facette de la ségrégation scolaire : la composition sociale d'un établissement scolaire renseigne sur l'environnement dans lequel évoluent les élèves dans la cour de récréation, mais c'est dans leur classe qu'ils passent le plus de temps. La ségrégation intra-établissement conditionne donc pour partie l'environnement scolaire au sein duquel les élèves suivent leurs apprentissages. Au-delà de cette problématique, de récentes études d'une équipe menée par l'économiste Raj Chetty, fondateur du centre de recherche Opportunity Insights, suggèrent que les relations interpersonnelles nouées durant l'enfance et l'adolescence avec des individus de milieux favorisés jouent un rôle important dans la mobilité sociale des moins favorisés[1]. Parmi les leviers mis en avant par les auteurs pour encourager ce type de relations: favoriser la mixité sociale au sein des classes.

Pour une même composition sociale à l'échelle de l'établissement, la ségrégation entre classes peut varier fortement, en fonction de la manière dont les principaux répartissent leurs élèves entre ces classes. Afin d'illustrer ce phénomène, on peut prendre l'exemple d'un établissement qui scolarise 50 élèves de sixième, dont la moitié est issue de catégories sociales favorisées. Le principal doit répartir ces élèves entre deux classes de 25 élèves. Il lui est possible d'en affecter 12 dans une classe, et 13 dans l'autre, ce qui permet d'obtenir une situation de ségrégation quasi nulle entre les classes. Il lui serait également possible d'affecter

1. Raj Chetty *et al.*, «Social capital I: Measurement and associations with economic mobility», *Nature*, 608(7921), 2022a et «Social capital II: Determinants of economic connectedness», *Nature*, 608(7921), 2022b.

les 25 élèves socialement favorisés dans une classe et les 25 élèves d'origine sociale défavorisée dans l'autre classe. L'apparence de mixité sociale à l'échelle de l'établissement cacherait alors une forte ségrégation entre les différentes classes. Entre ces deux cas extrêmes, les décisions du principal peuvent aboutir à une grande variété de situations intermédiaires.

Bien entendu, l'objectif premier d'un chef d'établissement n'est probablement pas de répartir les élèves en fonction de leur origine sociale, cet exemple étant uniquement destiné à illustrer les enjeux de la ségrégation intra-établissement. Une enquête réalisée par le Cnesco donne des indications sur les déterminants de la constitution des classes[1]. Moins de 5 % des principaux de collèges déclarent que la répartition des élèves entre les classes se fait de manière aléatoire : les chefs d'établissement souhaitent en particulier leur assurer un emploi du temps équilibré tout en préservant une mixité filles-garçons et en tenant compte des options suivies par les élèves. Par ailleurs, d'après cette enquête, une majorité de principaux de collèges tentent régulièrement de satisfaire au mieux les demandes parentales qui leur sont faites.

1. Conseil national d'évaluation du système scolaire, *La constitution des classes : pratiques et enjeux. Enquête auprès des chefs d'établissements des collèges et lycées*, 2015.

La qualité de l'appareil statistique français a permis à Son Ly et Arnaud Riegert, dans leur rapport pour le Cnesco, de dresser un état des lieux jusqu'alors inédit de l'état de la ségrégation intra-établissement en France. Ils estiment que 25 % des établissements adoptent une politique de ségrégation sociale active, dans la mesure où la répartition des élèves selon l'origine sociale est trop déséquilibrée pour s'expliquer par le hasard. En s'intéressant au niveau de compétences scolaires des collégiens, ils considèrent même que c'est près d'un établissement sur deux (45 %) qui adopte une telle politique de constitution des classes. Autrement dit, la manière dont les principaux répartissent les élèves aboutit davantage au regroupement dans une même classe d'élèves ayant un niveau scolaire similaire qu'à la constitution de classes se distinguant par leur composition sociale. Le niveau de ségrégation selon cette dimension n'en est pas pour autant négligeable.

La figure 9 permet d'illustrer l'importance de cette facette de la ségrégation scolaire. Les collèges y sont classés en dix groupes en fonction de leur composition sociale, à l'image de ce qui a été fait pour les voisinages dans le chapitre 2. Ce graphique montre que pour une même composition sociale du collège, les élèves qui fréquentent la classe la moins favorisée de l'établissement se retrouvent en moyenne dans un environnement social radicalement différent de ceux affectés à la classe la plus favorisée.

Figure 9 – Composition sociale moyenne des collèges, de la classe la moins socialement favorisée et de la classe la plus socialement favorisée

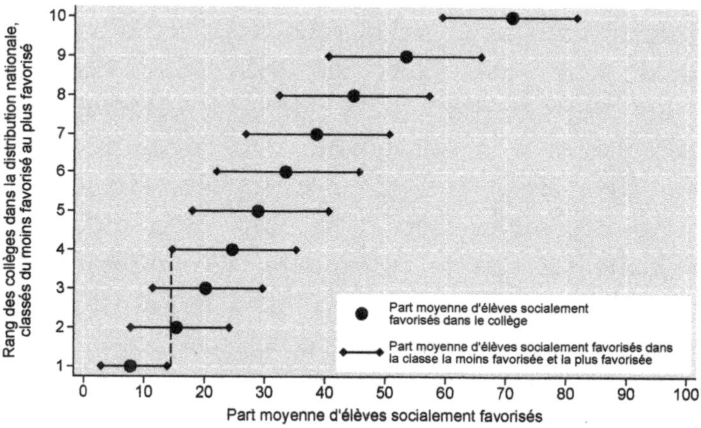

Note de lecture: Les collèges ont été classés de 1 à 10 en fonction de la part d'élèves de sixième socialement favorisés dans l'établissement. Pour chacun des dix groupes de collèges, ce graphique présente la part moyenne d'élèves socialement favorisés dans l'établissement, mais aussi dans la classe à la composition sociale la moins favorisée et dans celle à la composition sociale la plus favorisée.
Par exemple, dans les collèges de rang 1, la part d'élèves socialement favorisés dans l'établissement s'élève en moyenne à 8 %. Les élèves affectés à la classe la moins favorisée fréquentent en moyenne une classe où la part d'élèves ayant cette origine sociale se limite à 3 %. Dans la classe à la composition sociale la plus favorisée, cette part s'élève à 14 %. Le trait vertical permet de montrer que les élèves scolarisés dans la classe la moins favorisée d'un collège de rang 4 fréquentent un environnement social similaire dans leur classe, malgré la composition sociale beaucoup plus favorisée à l'échelle de l'établissement (25 %).

Source: Calculs de l'auteur à partir des Bases Scolarité pour la rentrée 2015, ministère de l'Éducation nationale, DEPP.

Article de référence: Youssef Souidi, *Enrolling Apart Together: Extracurricular Courses, Class Assignment Practices, and Within-School Segregation in a Comprehensive School System*, document de travail, 2024.

Ces variations sont si marquées que deux élèves scolarisés au sein des collèges de différents types peuvent se retrouver dans des classes de composition sociale similaire. Par exemple, un élève qui est scolarisé dans la classe la plus favorisée d'un collège de type 1 et un autre élève affecté à la classe la moins favorisée d'un collège de type 4 fréquentent des collèges à la composition sociale différente: une moyenne de 8 % d'élèves socialement favorisés pour le premier et 25 % pour le second. Une fois dans leur classe, en revanche, ils évoluent dans un environnement social similaire, la part d'élèves socialement favorisés atteignant 14 à 15 % pour ces deux élèves.

Cette dimension, moins étudiée que la ségrégation entre établissements, revêt donc une importance capitale tant elle conditionne *in fine* l'environnement scolaire mais aussi social des élèves. Ce phénomène s'accroît à mesure qu'un élève avance dans son parcours scolaire: plus son niveau de scolarité est élevé, plus il est probable qu'il fréquente un établissement où les écarts de composition sociale entre classes sont grands.

Malgré l'importance de cette facette de la ségrégation, le propos du livre se concentrera sur la ségrégation sociale entre établissements, parce que moins d'études ont été réalisées sur les écarts de composition sociale entre classes; mais aussi parce qu'il ne saurait y avoir de mixité sociale dans les classes d'un système scolaire ségrégué.

PARTIE II

AUX ORIGINES DE LA SÉGRÉGATION SCOLAIRE : LA FAMILLE PRISE AU PIÈGE DU SYSTÈME

C'est donc un fait, le système éducatif français se caractérise par un niveau certain de ségrégation scolaire. Pour l'expliquer, il faut revenir sur le fonctionnement du système d'affectation des élèves au collège ainsi que sur la manière dont les familles se l'approprient.

Le principe de la carte scolaire conduit chaque élève à être affecté à un collège public en fonction de son adresse : être logé à proximité de l'établissement désiré, c'est avoir la quasi-assurance de voir son enfant le fréquenter. Toutefois, les parents d'élèves ont la possibilité, dans une certaine mesure, de scolariser leur enfant dans un autre établissement. Ils peuvent notamment demander aux autorités déconcentrées de l'Éducation nationale une dérogation afin que leur enfant fréquente un collège public différent. Une autre solution pour se défaire de l'emprise de la carte scolaire, moyennant des frais d'inscription, consiste à recourir au secteur privé sous contrat. Moins connus et ne concernant à ce jour qu'une partie infime des élèves, les établissements privés hors contrat constituent quant à eux une possibilité plus onéreuse – puisque ne bénéficiant pas de financement de la part des pouvoirs publics.

Chapitre 1

Faire le bon choix

Dans le film *La Lutte des classes*[1], des parents farouches défenseurs de l'école publique se voient confrontés à la question du choix de l'école : alors que leur enfant est en classe de CM2, l'entrée au collège approche. À mesure que leurs voisins quittent l'école publique – laquelle finira par littéralement s'effondrer –, le choix du collège devient une question existentielle pour cette famille. Inscription dans le secteur privé, tentatives de tromper l'administration scolaire sur leur lieu d'habitation pour obtenir une place dans un autre collège public : elle recourt – à contrecœur – à diverses stratégies. Avec, en toile de fond, cette maxime énoncée par Édouard Baer qui campe le rôle du père de l'élève : « La mixité, pour que ce soit de la mixité, il faut que ce soit de la mixité. Si ça n'est pas de la mixité, ça n'est pas de la mixité. »

Les études françaises comme internationales convergent pour conclure que les familles ne sont pas indifférentes à l'établissement dans lequel leur

1. Réalisé par Michel Leclerc, Karé Productions, 2019.

enfant sera scolarisé. Leur préférence pour un établissement plutôt qu'un autre diffère selon leurs caractéristiques – notamment sociales. La sociologue Agnès Van Zanten a par exemple montré à travers des entretiens l'importance accordée par les catégories sociales les plus favorisées au public accueilli dans les établissements scolaires – et à la perception qu'ils s'en font[1]. Les parents craignent en particulier que la présence de camarades rencontrant des difficultés scolaires détourne l'attention des équipes éducatives au détriment de leur propre enfant. Le rôle de la composition sociale d'un établissement – et parfois de sa composition ethnique – dans l'image que s'en font les parents a été confirmé par plusieurs études, notamment quantitatives.

À ce facteur s'ajoutent la réputation des établissements et la difficulté à la modifier. Il suffit qu'un fait de violence grave se soit déroulé il y a plusieurs années dans une école pour que des cohortes de familles la considèrent comme indésirable[2]. À cette revue non exhaustive des déterminants des préférences scolaires, on peut ajouter la perception que les parents se font de la gestion des

1. Agnès Van Zanten, *Choisir son école. Stratégies familiales et médiations locales*, Paris, PUF, coll. « Le Lien social », 2009.

2. Voir notamment à ce sujet: Rapport d'information n° 617 (2011-2012) de Mme Françoise Cartron, fait au nom de la commission de la culture, de l'éducation et de la communication, déposé le 27 juin 2012.

établissements et de la qualité de l'offre éducative. Par exemple, la difficulté à remplacer les professeurs est mise en avant par la sénatrice Françoise Cartron dans un rapport d'information qu'elle a réalisé pour le Sénat, un argument qui a trouvé un écho particulier lorsque la ministre de l'Éducation nationale, Amélie Oudéa-Castéra, a affirmé que c'était la raison qui l'avait poussée à inscrire ses enfants dans un établissement privé réputé. Les économistes Manon Garrouste et Laurent Davezies montrent quant à eux comment l'octroi d'un label « éducation prioritaire » aux collèges envoie un signal négatif aux parents de classes moyennes et favorisées, alors d'autant plus enclins à l'éviter[1].

Ces interrogations – voire ces angoisses – s'inscrivent au sein d'un système éducatif où il est, dans une certaine mesure, possible d'avoir une prise sur l'établissement dans lequel son enfant sera scolarisé. Le choix de l'école s'apparente alors pour beaucoup à un dilemme cornélien.

La lutte des places

Le système français accorde donc un rôle prépondérant au critère géographique dans l'affectation aux

1. Laurent Davezies et Manon Garrouste, « More Harm than Good?: Sorting Effects in a Compensatory Education Program », *Journal of Human Resources*, University of Wisconsin Press, vol. 55, 2018.

établissements publics : pour s'assurer une inscription dans son établissement public préféré, mieux vaut habiter à proximité de ce dernier. Une première stratégie de placement scolaire consiste alors à intégrer ce critère dans sa recherche de logement.

Les sociologues Marco Oberti et Quentin Ramond se sont concentrés, à l'aide de données quantitatives et d'entretien avec des parents, sur les interconnexions entre choix résidentiels et scolaires dans l'agglomération parisienne[1]. En particulier, ils mettent en évidence la tension existante pour une partie des familles de classe moyenne. N'ayant pas les moyens financiers de devenir propriétaires d'un logement situé à proximité d'établissements scolaires qu'ils considèrent comme attractifs, ces ménages préfèrent se tourner vers le secteur locatif privé ou social de ces mêmes quartiers, auxquels ils peuvent plus facilement accéder. Autrement dit, pour une partie des familles, la stratégie de placement scolaire se fait au prix d'un sacrifice : le renoncement au statut de propriétaire.

L'empreinte de la carte scolaire sur les choix résidentiels est également perceptible à travers l'étude des prix de l'immobilier. Des articles de recherche économique pionniers aux États-Unis et au Royaume-Uni ont montré que les familles étaient prêtes à payer plus

1. Marco Oberti et Quentin Ramond, « Housing tenure and educational opportunity in the Paris metropolitan area », *Housing Studies*, vol. 37, n° 7, 2022, p. 1079-1099.

cher leur logement pour s'assurer que leur enfant soit scolarisé dans une école perçue comme meilleure. En France, les économistes Gabrielle Fack et Julien Grenet se sont plus particulièrement intéressés à la ville de Paris dans laquelle se trouvent une population relativement favorisée et une offre scolaire abondante[1]. Ils comparent pour cela les prix de vente de logements proches, mais qui se distinguent par l'attractivité supposée du collège auquel la carte scolaire les rattache. Cette méthode les conduit à estimer que 5 % des différences de prix d'un secteur de recrutement à l'autre s'expliquent par l'attractivité différenciée des collèges de secteur, notamment mesurée à travers les résultats de leurs élèves au Diplôme national du brevet. Leur étude permet également de montrer que la présence d'établissements privés dans un quartier est de nature à affaiblir le lien entre l'attractivité du collège de secteur et les prix des logements. Ils voient là une alternative à moindres frais pour des ménages disposés à s'installer dans un quartier moins socialement favorisé, à condition toutefois qu'un moyen leur permettant d'échapper à la sectorisation scolaire leur soit proposé[2].

1. Gabrielle Fack et Julien Grenet, « When do better schools raise housing prices? Evidence from Paris public and private schools », *Journal of Public Economics*, vol. 94, n° 1-2, 2010, p. 59-77.

2. Il est important de garder à l'esprit que cette étude, réalisée sur des données datant du début des années 2000, n'a pas été reproduite depuis lors : il est possible que dans un contexte d'augmentation très forte du coût du logement au cours des deux dernières décennies dans les métropoles, le lien entre prix de l'immobilier et attractivité du collège public de secteur ait lui aussi connu des évolutions.

Du fait de l'organisation actuelle du système d'affectation aux établissements scolaires, l'intégration de ce facteur dans le projet immobilier constitue donc une stratégie de placement scolaire particulièrement efficace. Elle se paye au prix fort : celui d'un renoncement au statut de propriétaire ou d'un mètre carré plus onéreux.

Toutefois, obtenir une affectation dans son collège préféré peut également se faire au prix plus modique – quoique plus élevé symboliquement – d'un arrangement avec le droit. Il s'agit alors de déclarer une fausse domiciliation, phénomène connu sous le nom de « fausses adresses ». Loin de constituer un élément d'égalisation de l'accès aux établissements les plus prisés, le sociologue Lorenzo Barrault-Stella, qui a étudié ces pratiques, a mis en évidence leurs ressorts socialement sélectifs[1]. Alors qu'il repère une diversité de stratégies mises en œuvre dans le but de tromper l'administration sur l'établissement dont dépendent les familles, un point commun s'en dégage : ces stratégies sont permises par une forte dotation en capital économique ou par un réseau de connaissances particulièrement fourni. Il peut notamment s'agir de louer pour quelques mois un studio dans le secteur de recrutement souhaité, idéalement en mutualisant les frais

1. Lorenzo Barrault-Stella, « De fausses adresses pour contourner la carte scolaire. Arrangements avec le droit et fidélité à l'État », *Sociétés contemporaines*, n° 4, 2017, p. 125-154.

de location avec d'autres parents d'élèves. Le logement, alors inoccupé, a essentiellement pour fonction de permettre la production de justificatifs de domicile à destination des autorités scolaires. Il peut également s'agir d'emprunter la boîte aux lettres d'un proche en y ajoutant son nom avec, en guise de compensation pour le réel occupant, le paiement pour quelque temps de factures – lesquelles permettront la production de documents – et donc de justificatifs. Il s'agit là de stratégies d'initiés, tant elles doivent se penser bien en amont de l'entrée de son enfant dans un nouvel établissement scolaire : pour être efficace, mieux vaut avoir une bonne connaissance des étapes du calendrier d'inscription.

L'ensemble de ces facteurs laisse à penser que ces pratiques sont plutôt le fait de familles socialement favorisées et qu'elles ont ainsi tendance à alimenter la ségrégation scolaire. Il est toutefois difficile de quantifier précisément ce phénomène et ses impacts sur le système scolaire français puisque, par définition, ces fausses adresses ont été considérées comme vraies par les autorités responsables de l'inscription des enfants. Une étude récemment parue sur le système scolaire danois suggère néanmoins que ce phénomène peut être particulièrement prononcé[1]. À l'aide de don-

1. Andreas Bjerre-Nielsen, Lykke Sterll Christensen, Mikkel Høst Gandil et Hans Henrik Sievertsen, « Playing the system : Address manipulation and access to schools », *Papers*, 2305.18949, arXiv.org, 2023.

nées extrêmement riches, les auteurs explorent les répercussions d'une réforme qui a établi la distance domicile-établissement comme critère principal pour départager les candidats en cas de demandes excédant les places disponibles dans le lycée demandé. À la suite de la mise en place de cette mesure, les chercheurs observent une augmentation significative des changements d'adresse dans les semaines précédant la date limite de soumission des dossiers d'inscription, un phénomène qui n'était pas observé au cours des années scolaires antérieures. Plus spécifiquement, la proportion moyenne d'élèves modifiant leur lieu d'habitation déclaré a doublé et, dans certains lycées danois, environ 10 % des élèves admis ont eu recours à une modification stratégique d'adresse. Ces pratiques, adoptées majoritairement par les familles socialement favorisées, se sont massivement faites au détriment des élèves socialement défavorisés, dans la mesure où ils ont perdu leur place dans l'établissement souhaité, du fait des fausses adresses déclarées par ces familles.

Dans ce jeu des chaises musicales que constitue le choix scolaire, les familles disposant des meilleures ressources peuvent s'acheter un temps d'avance. Les moins favorisés, éliminés de la partie, rejoignent alors les bancs des établissements les moins cotés.

L'embarras du choix

La focalisation des débats sur la carte scolaire laisse à penser que l'établissement fréquenté par un élève est uniquement déterminé par son adresse. C'est faire abstraction des possibilités d'évitement qu'il reste aux parents : la scolarisation dans un autre collège public ou celle, plus répandue, au sein d'un établissement privé sous contrat, voire celle, encore rare, dans un établissement hors contrat. Loin d'être des possibilités abstraites, ces voies de recours s'inscrivent de manière concrète dans l'environnement géographique des familles : une partie d'entre elles, en particulier dans les territoires les plus urbains, résident à proximité de nombreux établissements scolaires. Dans ces conditions, il devient facile de les envisager pour leur enfant. Dès lors, étant donné la large place accordée au choix de l'école par les familles, la comparaison des différents établissements scolaires situés dans le voisinage peut s'imposer aux parents, naturellement portés à se demander quel serait celui qui permettra à son enfant de réussir au mieux.

Les données disponibles permettent d'estimer le nombre et les caractéristiques des familles résidant à proximité d'une multitude d'établissements et qui sont donc susceptibles de se poser la question du choix scolaire. Ces statistiques, présentées dans la figure 10, mettent en évidence le cas très particulier de la capitale : pour neuf collégiens parisiens sur dix, un trajet de 15 minutes à pied permet de se rendre dans au moins deux collèges publics. Par ailleurs, la quasi-totalité des élèves parisiens résident à proximité d'au moins un collège privé sous contrat. On peut faire l'hypothèse qu'une telle offre scolaire à proximité du domicile rend la question du choix scolaire particulièrement prégnante pour les familles résidant dans la capitale.

Figure 10 – Part d'élèves de sixième, par type de commune, à proximité d'au moins…

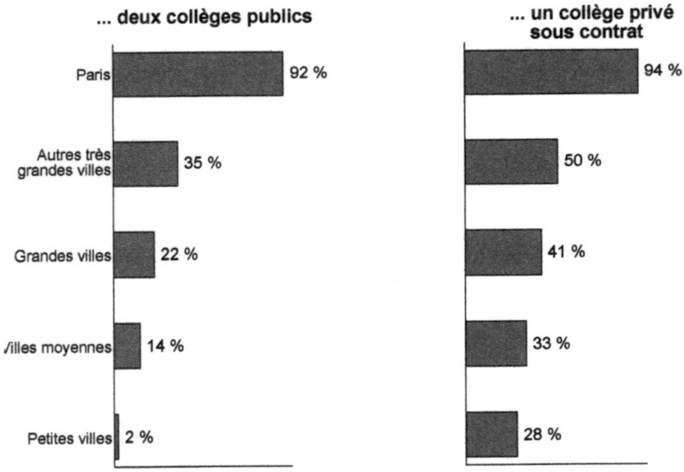

Note de lecture: À Paris, 92 % des élèves de sixième habitent à proximité d'au moins deux collèges publics et 94 % d'entre eux vivent à proximité d'au moins un collège privé. Le domicile d'un élève est considéré comme proche d'un établissement scolaire lorsque le temps de trajet à pied pour s'y rendre est inférieur à 15 minutes.

Le type de commune est défini à l'aide de la typologie en aires d'attraction des villes de l'INSEE. Les «autres très grandes villes» correspondent aux communes-centre des aires de 700 000 habitants ou plus (hors Paris). Les « grandes villes » correspondent aux communes-centre des aires de 200 000 à moins de 700 000 habitants. Les « villes moyennes » aux communes-centre des aires de 50 000 à moins de 200 000 habitants. Et les « petites villes » aux communes-centre des aires de moins de 50 000 habitants.

Source: Calculs de l'auteur à partir du fichier géolocalisé des élèves pour la rentrée 2019, ministère de l'Éducation nationale, DEPP. Les temps de trajets sont estimés à l'aide des données *OpenStreetMap*.

Article de référence: Youssef Souidi, *School Segregation: Is it All About Residential Sorting? Evidence From a Nationwide School System*, document de travail, 2024.

Si la situation parisienne se distingue de manière saisissante, cette spécificité ne doit pas cacher le cas des autres territoires dans lesquels bon nombre de familles se trouvent elles aussi environnées de multiples collèges. Au sein des plus grandes métropoles régionales, un collégien sur trois se situe à proximité d'au moins deux collèges publics[1]. Pour un collégien sur deux, un trajet à pied de moins de 15 minutes permet de se rendre dans un collège privé sous contrat. Une forte proportion des familles résidant dans les métropoles régionales se trouve donc à proximité d'une alternative au collège de secteur. Les chiffres pour les communes de taille plus modeste, tout en étant inférieurs, restent significatifs. Il apparaît alors que, bien qu'avec une intensité variable, c'est l'ensemble des territoires

1. La classification des communes est réalisée à partir d'une typologie de l'INSEE et détaillée dans les notes de la figure 10.

qui sont imprégnés par la question du choix scolaire. Ce constat est d'autant plus marquant que c'est le trajet à pied qui est ici mesuré pour des questions de fiabilité de calcul. Or le réseau de transports dans les grandes agglomérations tout comme l'usage plus général de la voiture sont de nature à modifier cette notion de proximité.

Le système d'affectation tel qu'il est organisé aujourd'hui fait donc peser une pression considérable sur les familles qui, sachant qu'il leur est possible d'éviter leur collège de secteur, sont incitées à se comporter en consommatrices du service d'éducation, comparant les coûts et les bénéfices estimés des établissements situés à proximité, pour finalement choisir celui qui leur apportera une satisfaction maximale.

Les lignes Maginot de la carte scolaire

Les statistiques disponibles permettent de montrer que, loin de figer l'établissement scolaire des élèves, la carte scolaire est largement contournée, particulièrement au sein des catégories sociales favorisées.

La scolarisation dans le secteur privé constitue la principale alternative à la fréquentation de l'établissement de secteur. Au niveau du collège, plus d'un élève sur cinq se trouve dans cette situation. De manière remarquable, cette proportion est bien supérieure à celle qui caractérise les niveaux scolaires inférieurs : moins d'un élève sur six scolarisé dans un niveau élémentaire ou pré-élémentaire fréquente un établissement privé sous contrat. Autrement dit, le passage au collège semble constituer un jalon particulier pour les parents qui sont alors d'autant plus enclins à inscrire leur enfant dans un établissement privé.

Ce constat national se décline sous des formes différentes au niveau local. Si la forte augmentation de la part de collégiens inscrits dans le secteur privé sous contrat entre le niveau élémentaire et le collège se vérifie pour la quasi-totalité des villes affichées dans les graphiques 11 et 12, cette part atteint des sommets (plus de quatre élèves sur dix) dans les villes de Bordeaux, Lyon, Amiens, Annecy, Perpignan, Orléans et avoisine même les 50 % à Brest, à Nantes et à Angers. Dans ces conditions, difficile d'imputer à la carte scolaire la lourde responsabilité d'agir comme un carcan qui enferme les enfants dans leur quartier.

Figure 11 – Part d'élèves scolarisés dans le secteur privé sous contrat, par ville et par niveau d'enseignement

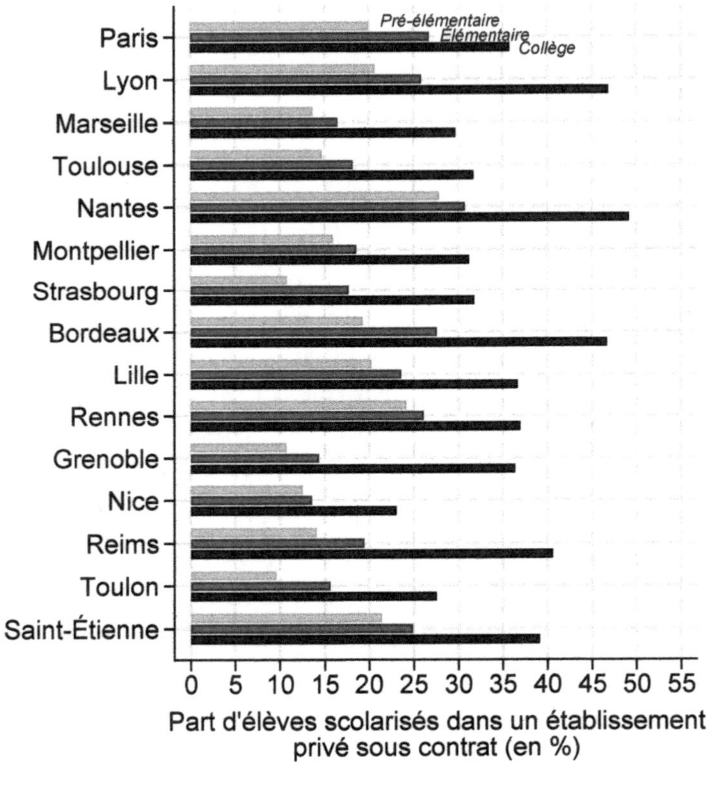

Note de lecture: À Paris, à la rentrée 2021, la part d'élèves scolarisés dans un établissement privé sous contrat s'élève à 20 % dans le niveau d'enseignement préélémentaire (jusqu'à la grande section), à 27 % dans le niveau d'enseignement élémentaire (de la classe de CP à la classe de CM2) et à 36 % au collège (de la classe de sixième à la classe de troisième).

Source: Calculs de l'auteur à partir des données ouvertes du ministère de l'Éducation nationale sur les effectifs d'élèves par école et par collège.

Figure 12 – Part d'élèves scolarisés dans le secteur privé sous contrat, par ville et par niveau d'enseignement

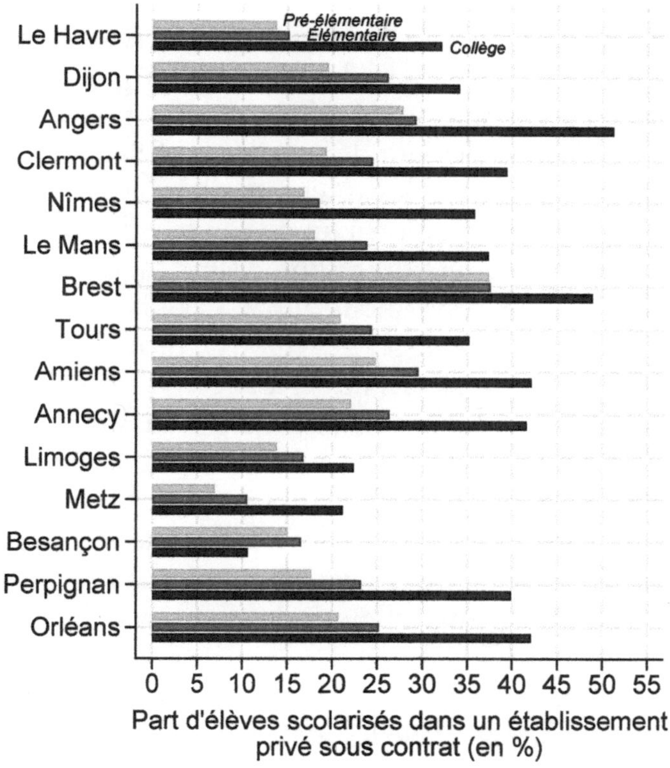

Note de lecture: Au Havre, à la rentrée 2021, la part d'élèves scolarisés dans un établissement privé sous contrat s'élève à 14 % dans le niveau d'enseignement préélémentaire (jusqu'à la grande section), à 15 % dans le niveau d'enseignement élémentaire (du CP au CM2) et à 32 % au collège (de la sixième à la troisième).

Source: Calculs de l'auteur à partir des données ouvertes du ministère de l'Éducation nationale sur les effectifs d'élèves par école et par collège.

Une étude publiée par le ministère de l'Éducation nationale apporte des éléments très précis sur le recours au secteur privé selon l'origine sociale[1]. Partant d'une proportion de 22 % au niveau de l'ensemble des collégiens, les auteurs estiment que le recours au secteur privé s'élève à 34 % pour les familles d'origine sociale favorisée, soit plus du double de celui constaté pour les familles socialement défavorisées (16 %). Au-delà de ce constat global, les auteurs évaluent les comportements de scolarisation à un niveau très fin, celui du statut professionnel du responsable légal des élèves. Leurs résultats confirment que le recours au secteur privé est très variable selon le type de profession[2]. Au sein des catégories sociales favorisées, il s'échelonne de 17 % pour les professions intermédiaires administratives de la fonction publique à 74 % pour les chefs d'entreprise de 10 salariés ou plus. Pour ce qui est des catégories sociales défavorisées, le recours au privé est résiduel chez les chômeurs n'ayant jamais travaillé (4 %), mais majoritaire chez les policiers et les militaires (57 %).

Un autre apport de cette étude est qu'elle permet d'estimer la part d'élèves scolarisés dans un collège public hors secteur. Cette information est plus difficile à obtenir que la scolarisation dans un collège

1. Mustapha Touahir et Sylvain Maugis, « Quels élèves fréquentent le même collège public que celui de leurs voisins les plus proches? », *Éducation & formations*, n° 102, 2021, p. 209-233.

2. La classification des professions, selon leur appartenance aux catégories sociales favorisées ou défavorisées, est présentée dans l'annexe technique à la fin de cet ouvrage.

privé, car elle nécessite de connaître le collège de scolarisation d'un élève mais aussi son collège de secteur. Les auteurs ont pu recouper cette information pour estimer qu'un peu plus d'un élève sur dix (13 %) fréquente un collège public qui n'est pas celui de son secteur, ce type d'évitement du collège de secteur se différenciant peu selon l'origine sociale des élèves.

Finalement, les auteurs estiment que pour de nombreuses catégories socioprofessionnelles, seule une minorité de collégiens est scolarisée dans son collège de secteur. C'est particulièrement le cas chez les chefs d'entreprise de 10 salariés ou plus, où le respect de la carte scolaire ne concerne qu'un élève sur cinq. Au contraire, ce type de scolarisation culmine à 75 % pour les enfants de chômeurs n'ayant jamais travaillé.

Les territoires désertés de la République

Ces moyennes recouvrent des disparités majeures. Les comportements d'évitement sont déterminés par les caractéristiques sociales des familles, mais aussi par le territoire dans lequel elles s'inscrivent. En particulier, on constate une grande variation dans ces pratiques en fonction de l'attractivité du collège de secteur. Afin de chiffrer précisément ces variations, j'ai classé les collèges français en dix catégories, en fonction de leur composition sociale l'année précédant la rentrée scolaire 2019[1]. Les collèges les plus

1. Cette analyse porte sur près de 2 000 collèges publics.

défavorisés se trouvent dans la première catégorie – ce sont les moins attractifs; ceux qui sont le plus socialement favorisés sont classés dans la dernière catégorie et sont considérés comme les plus attractifs. Je me suis ensuite intéressé aux comportements d'évitement des familles à la rentrée 2019 selon le classement de leur collège de secteur dans cette hiérarchie.

Les résultats, présentés dans la figure 13, sont saisissants. Les collèges les moins attractifs sont désertés par les catégories socialement favorisées: seuls trois élèves sur dix résidant dans le secteur de ces établissements les fréquentent effectivement. Cette proportion augmente néanmoins en fonction de l'attractivité du collège pour finalement concerner sept élèves sur dix dans les secteurs des collèges les plus attractifs.

Figure 13 – Comportements d'évitement des familles en fonction de la composition sociale de leur collège de secteur, l'année précédant l'entrée de leur enfant en sixième

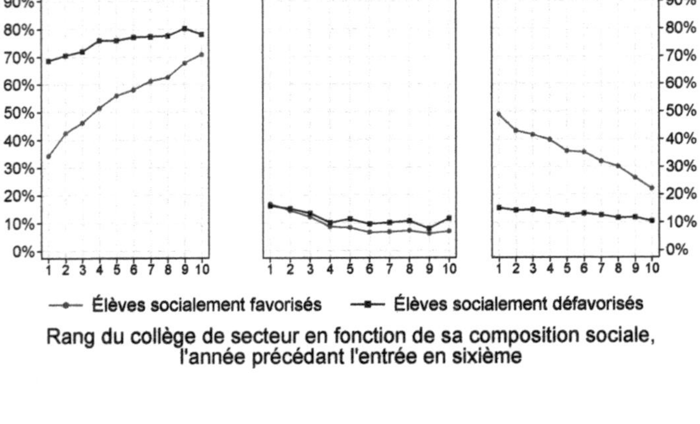

Note de lecture: Les collèges de secteur des élèves ont été classés de 1 à 10, en fonction de leur composition sociale l'année précédant leur entrée en sixième. Ainsi, les élèves défavorisés affectés à un collège de rang 1, c'est-à-dire particulièrement défavorisé à l'échelle nationale, sont près de 70 % à fréquenter leur collège de secteur, tandis que ce taux ne s'élève qu'à 33 % pour les élèves favorisés (graphique de gauche). Environ 17 % des élèves affectés à un collège de rang 1 fréquentent un autre collège public que celui de leur secteur, quelle que soit leur origine sociale (graphique du milieu). Enfin, 14 % des élèves défavorisés affectés à ce même type de collège fréquentent un collège privé, tandis que cette situation concerne la moitié des élèves favorisés résidant dans le secteur d'un collège particulièrement défavorisé (graphique de droite).

Source: Calculs de l'auteur à partir du fichier géolocalisé des élèves pour la rentrée 2019 (ministère de l'Éducation nationale, DEPP) et du fichier sur les secteurs de recrutement des collèges produits par le ministère de l'Éducation nationale.

Article de référence: Youssef Souidi, *School Segregation: Is it All About Residential Sorting? Evidence From a Nationwide School System*, document de travail, 2024.

Ce phénomène est à mettre en lien avec la proportion d'élèves inscrits dans un collège privé sous contrat: lorsqu'on s'intéresse aux élèves socialement favorisés résidant dans le secteur des collèges les moins attractifs, on observe qu'un élève sur deux est inscrit dans ce type de collège. Ce n'est plus le cas que de deux élèves sur dix dans les secteurs des collèges les plus attractifs. Le rôle des dérogations vers un autre collège public apparaît moindre.

On aurait toutefois tort de considérer que les familles socialement défavorisées sont parfaitement insensibles aux caractéristiques de leur collège de secteur. On observe pour cette catégorie sociale les mêmes tendances que pour les familles socialement favorisées, mais dans une version fortement atténuée. Sept élèves socialement défavorisés sur dix fréquentent leur collège de secteur lorsqu'il fait partie des moins attractifs tandis que c'est le cas de huit élèves sur dix dans les secteurs des collèges les plus attractifs. Partant d'un sommet relativement bas (15 %), le taux d'inscription dans un collège privé s'affaisse à 10 % pour les élèves affectés par la carte scolaire aux collèges publics les plus attractifs. La tendance est similaire pour ce qui est de l'inscription dans un autre collège public que celui de secteur.

Finalement, il apparaît que l'inscription dans le secteur privé constitue le principal moyen d'éviter son collège de secteur et que cela concerne avant tout les catégories socialement favorisées. Ce type d'établissements constitue alors une explication privilégiée du constat dressé dans la première partie.

Des études se sont employées à estimer le niveau de ségrégation qui serait obtenu si l'ensemble des élèves ayant bénéficié d'une dérogation à la carte scolaire ou d'une inscription dans le secteur privé venaient à fréquenter leur collège de secteur[1]. Elles concluent à un impact assez modeste des dérogations, mais confirment l'hypothèse selon laquelle la scolarisation dans le secteur privé explique une

1. Voir en particulier: Béatrice Boutchenik, Pauline Givord et Olivier Monso, « Ségrégation urbaine et choix du collège : quelles contributions à la ségrégation scolaire? », *Revue économique*, Presses de Sciences Po, vol. 72, mai 2021, p. 717-747.

part importante du niveau de ségrégation sociale, en particulier dans les métropoles. Autrement dit, si on retirait à chaque élève sa dérogation pour l'obliger à fréquenter son collège de secteur, le constat de ségrégation scolaire dressé dans la première partie serait quasiment inchangé. En revanche, fermer les établissements privés et forcer leurs élèves à respecter la carte scolaire conduirait à revoir totalement ce constat.

Faudrait-il pour autant en arriver à une telle extrémité ? Les auteurs soulignent bien les limites des simulations qu'ils ont effectuées : ils font abstraction des capacités d'accueil des établissements publics qui ne pourraient pas prendre en charge l'ensemble des élèves aujourd'hui scolarisés dans les établissements privés. Par ailleurs, il est probable qu'en l'absence de ces possibilités d'évitement, les stratégies scolaires se renforcent en amont, par le biais des choix résidentiels, ce que les économistes qualifient de réactions comportementales. Enfin, ces études soulignent que si l'ensemble des élèves étaient scolarisés dans leur collège de secteur, et en l'absence même de ces réactions comportementales, un niveau significatif de ségrégation sociale subsisterait, en lien avec la ségrégation résidentielle préexistante.

Ces limites ne doivent toutefois pas conduire à une vision fataliste en la matière : il n'existe pas de tracé naturel des secteurs de recrutement, ni de raison évidente à ce que le secteur privé sous contrat bénéficie d'une autonomie totale en matière de recrutement de ses élèves.

***

Une partie des familles, confrontées à un choix qui peut leur sembler existentiel pour leur progéniture, exploite donc les diverses possibilités qu'offre le système éducatif afin d'assurer une place dans l'établissement de leur choix, et par extension, dans la société. Pour mieux comprendre le niveau de ségrégation scolaire, il convient donc de se tourner vers le rôle des acteurs institutionnels. Par les règles qui les gouvernent, mais aussi par leurs pratiques, ils sont de nature à accentuer la pression qui pèse sur les familles quant au choix de l'école. Et par là même, à exacerber la ségrégation scolaire.

Chapitre 2

Les lignes de faille de la carte scolaire

« La résidence a sa propre école publique » précise d'emblée une promotrice immobilière au personnage joué par Rachida Brakni dans le film *La Cour des miracles*[1]. Il faut dire que le projet d'achat dont il est question concerne une résidence neuve construite à proximité d'un quartier populaire d'Aubervilliers, en Seine-Saint-Denis, et de son école à la mauvaise réputation. Pour finir de rassurer sa cliente, la commerciale précise : « Le promoteur et la mairie ont redessiné la carte scolaire pour que tous les enfants de la résidence puissent aller à la nouvelle école. »

Cette scène rappelle utilement qu'il n'existe pas de carte scolaire naturelle. Elle est le produit de décisions politiques, prises en fonction d'objectifs plus ou moins explicites, et d'une multiplicité de contraintes. Son tracé peut alors entériner les lignes de démarcation sociale de l'habitat, mais aussi s'en

1. Réalisé par Carine May et Hakim Zouhani, Haut et Court, 2022.

affranchir pour dessiner des zones de recrutement aux contrastes sociaux moins marqués.

D'abord un instrument de gestion

Le concept de carte scolaire au niveau du collège a été institué par les pouvoir publics à partir de la fin des années 1950[1], alors que l'institution scolaire faisait face à une expansion démographique. Son objectif et sa signification sont doubles. À partir de 1958, elle remplit essentiellement une fonction d'allocation des moyens (notamment des postes d'enseignants) entre les établissements scolaires selon les besoins constatés. Mais il s'agit également, dès 1963, d'attribuer à chaque établissement scolaire une zone de recrutement, permettant ainsi de mieux gérer les flux d'élèves : c'est le principe de la sectorisation scolaire. Seuls les établissements publics sont concernés. Il ne s'agit pas d'en faire un instrument de mixité sociale dans les établissements, mais plutôt de disposer d'un outil de gestion administrative dans le contexte de bouleversements démographiques qui affectent le système éducatif.

En 2004, la loi de décentralisation attribue aux conseils départementaux la compétence de

1. Voir en particulier : Rapport d'information n° 617 (2011-2012) de Mme Françoise Cartron, fait au nom de la commission de la culture, de l'éducation et de la communication, déposé le 27 juin 2012.

sectorisation, auparavant aux mains de l'Éducation nationale[1]. Ces derniers – qui disposaient déjà de certaines prérogatives sur les collèges depuis une précédente loi de décentralisation (1983) – se voient dorénavant confier la tâche de définir des zones de recrutement pour chaque collège public dont ils ont la charge. Autrement dit, chaque élève, en fonction de son adresse et de son année de rentrée en classe de sixième, se voit attribuer un « collège de secteur ». L'impératif de gestion administrative reste alors prépondérant : il s'agit d'assurer à chaque élève une place dans un collège situé à une proximité relative du domicile. Cependant, la loi précise qu'au-delà de la question démographique, des critères d'équilibres « économique et social » doivent être pris en compte par les conseils départementaux.

Proximité, contraintes de capacités, mixité : des objectifs concurrents ?

L'intégration de la question des équilibres sociaux participe de la prise en compte progressive de cet enjeu par l'institution scolaire[2]. Via une

1. Les conseils départementaux étaient alors nommés « conseils généraux ». Pour simplifier, on utilisera seulement la première expression.

2. À ce sujet, voir notamment Choukri Ben Ayed, *La Mixité sociale à l'école. Tensions, enjeux, perspectives*, Paris, Armand Colin, 2015 et Étienne

circulaire adressée à son administration en prévision de la rentrée 1999, le ministre de l'Éducation nationale Claude Allègre pointe l'exigence de « mieux équilibrer la carte scolaire » afin de « préserver ou d'instaurer une mixité sociale, autant qu'il est possible »[1]. Avec ce texte, la carte scolaire se voit assigner un nouvel objectif de mixité sociale.

« Autant qu'il est possible », précise alors la circulaire. Car assurer un service public de proximité, tout en tenant compte des contraintes de capacité des établissements, peut se confronter à la tonalité ségrégative des territoires. Pour le dire autrement, la volonté d'affecter chaque élève au collège le plus proche de son domicile peut entériner, au niveau des secteurs de recrutement, la ségrégation résidentielle préexistante.

À quel point les secteurs de recrutement des collèges sont-ils représentatifs de leur quartier d'implantation? Les données mises à disposition par l'Éducation nationale dans le cadre de ma thèse m'ont permis de calculer, pour chaque collège, la part d'élèves socialement défavorisés dans son secteur de recrutement ainsi que celle observée dans

---

Butzbach, « L'éclairage de terrain de certaines politiques de mixité sociale à l'école », Conseil national d'évaluation du système scolaire, octobre 2018.

1. Circulaire n° 98-263 du 29/12/1998, Bulletin officiel de l'Éducation nationale, 7 janvier 1999.

son quartier d'implantation[1]. L'analyse réalisée sur près de deux mille collèges publics montre que, pour la plupart d'entre eux, le secteur de recrutement reflète fidèlement le quartier d'implantation de l'établissement. Cependant, pour plus d'un collège sur dix, on observe une différence supérieure de dix points de pourcentage entre la part d'élèves socialement défavorisés dans le secteur et celle constatée dans le quartier.

Comment interpréter ces différences? Elles pourraient être l'expression d'un volontarisme des conseils départementaux dans la constitution de secteurs socialement mixtes. Il s'agirait alors de permettre aux collèges situés dans des quartiers défavorisés d'avoir un bassin de recrutement à la composition sociale moins paupérisée. Dans le même temps, la mixité sociale des établissements situés dans les quartiers les plus privilégiés serait assurée en leur attribuant un secteur de recrutement socialement moins favorisé que le voisinage. L'analyse des données invalide toutefois cette hypothèse: au contraire, la tendance serait plutôt à une accentuation des déséquilibres sociaux

1. En l'absence de définition naturelle, on considère que l'ensemble des élèves de sixième résidant à une certaine proximité de l'établissement font partie de ce quartier de référence. La notion de proximité est propre à chaque collège, en fonction du temps de trajet vers l'établissement constaté pour les élèves résidant dans son secteur. La méthode est détaillée dans Youssef Souidi, *School Segregation: Is it All About Residential Sorting? Evidence From a Nationwide School System*, document de travail, 2024.

des quartiers dans la constitution des secteurs de recrutement. Lorsqu'il existe une différence notable entre la composition sociale du quartier d'implantation et celle du secteur de recrutement, on observe que c'est le plus souvent au détriment des collèges situés dans des territoires défavorisés : ces derniers ont un bassin de recrutement à la tonalité sociale encore plus dégradée que le quartier d'implantation. Autrement dit, les départements demandent à ces établissements d'accueillir un public aux difficultés sociales encore plus marquées que ce que leur territoire d'implantation défavorisé laisserait présager. Un constat inverse prévaut pour les établissements situés dans des quartiers favorisés.

Une autre manière d'analyser le rôle de la carte scolaire dans la reproduction des déséquilibres sociaux consiste à comparer les secteurs de recrutement de collèges proches géographiquement. Là encore, la norme pour des collèges voisins est de disposer de bassins de recrutement à la sociologie comparable. Une part non négligeable de ces couples de collèges voisins (40 %) se retrouve néanmoins avec des secteurs de recrutement relativement éloignés du point de vue de leur composition sociale[1]. La carte scolaire est alors par endroits constituée de véritables lignes de démarcation

1. C'est-à-dire que la différence dans la part d'élèves socialement défavorisés entre ces deux secteurs dépasse 10 points de pourcentage.

sociale – de zones géographiques où, même en l'absence de tout évitement scolaire, des établissements proches géographiquement se retrouveraient avec des élèves au profil social radicalement différent[1].

Au niveau national, le constat d'une sectorisation qui, par endroits, entérine – voire accentue – des phénomènes de ségrégation plutôt qu'elle ne les atténue a également été dressé par le sociologue Hugo Botton[2]. À partir de données publiques de l'INSEE et du ministère de l'Éducation nationale, il a repéré une centaine de « frontières discriminantes ». Il s'agit de limites géographiques – instaurées par les conseils départementaux – qui séparent des secteurs de recrutement aux taux de pauvreté radicalement différents. Autrement dit, résider d'un côté ou de l'autre de la frontière – ce qui peut revenir à habiter du côté pair ou impair de la rue – conduit à être affecté à des collèges publics éloignés du point de vue du profil social des potentiels camarades. La portée de ce résultat est importante : parmi les 10 % de secteurs au taux de pauvreté le plus élevé, près d'un sur cinq est limitrophe d'un secteur au taux de pauvreté au moins trois fois plus faible.

1. Une analyse menée sur la métropole de Lille par les journalistes de *Mediacités* Matthieu Slisse et Denis Vannier dresse un constat similaire, « Collèges : comment la carte scolaire entretient la ségrégation sociale dans la métropole lilloise », janvier 2023.

2. Hugo Botton, « L'école, la carte et les territoires », La Vie des idées, 7 février 2023. Son analyse s'appuie sur les données de 79 départements.

Loin d'être une exception française, ce type de configurations a été observé dans d'autres systèmes scolaires. Les chercheurs Tomás Monarrez et Carina Chien de l'Urban Institute ont ainsi repéré aux États-Unis plus de 2 300 frontières qui séparaient des secteurs de recrutement limitrophes mais à la composition ethnique, cette fois, très éloignée[1].

Des frontières dessinées à l'encre indélébile ?

L'exacerbation – par endroits – de la ségrégation résidentielle à travers la carte scolaire est-elle le fruit d'une volonté des conseils départementaux ? Certaines des configurations relevées interrogent. Hugo Botton constate par exemple que les frontières discriminantes séparent fréquemment des blocs géographiques bien identifiés : d'une part, un secteur épousant les limites de quartiers populaires situés en périphérie d'une grande ville et, d'autre part, un secteur englobant une partie de la couronne périurbaine de cette même ville[2]. Si ces configurations semblent bien constituer un cas d'école de la « préférence pour l'inégalité » conceptualisée par le sociologue François Dubet,

1. Tomás Monarrez et Carina Chien, « Dividing Lines: Racially Unequal School Boundaries in US Public School Systems », Research Report of the Urban Institute, 2021.
2. Hugo Botton, « L'école, la carte et les territoires », art. cité.

il serait toutefois trop rapide de généraliser cette explication[1].

Constatons tout d'abord que cette compétence est exercée de manière très disparate sur le territoire. Un rapport de l'Inspection générale de l'Éducation nationale publié en 2013 relevait ainsi que près de dix ans après en avoir eu la charge, les conseils départementaux avaient tendance à délaisser cette compétence, certains d'entre eux n'ayant jamais entériné de modifications de la carte scolaire. Cela peut s'expliquer par la stabilité démographique dans certains territoires : en l'absence de tout déséquilibre entre les effectifs attendus et les capacités d'accueil des établissements, la force de l'inertie peut facilement prendre le dessus.

Toutefois, cette situation peut également traduire le contraste entre la lourdeur de la tâche confiée aux départements et la faiblesse des moyens qui y sont consacrés. S'intéressant aux raisons qui font de la mixité sociale à l'école une « non-politique publique », Choukri Ben Ayed note que le transfert des responsabilités de l'État ne s'est pas accompagné de contreparties permettant de pleinement les assumer[2]. Revoir la carte scolaire nécessite un certain nombre de compétences techniques et d'outils, par exemple pour prévoir

1. François Dubet, *La Préférence pour l'inégalité. Comprendre la crise des solidarités*, Paris, Seuil, coll. « La République des idées », 2014.
2. Choukri Ben Ayed, *La Mixité sociale à l'école*, *op. cit.*

l'impact de différents scénarios sur l'évolution des effectifs. Il faut également pouvoir établir un dialogue avec les services déconcentrés de l'Éducation nationale, celui-ci se révélant plus ou moins fructueux selon les départements. Sans compter que ces opérations ont également des conséquences concrètes pour les acteurs éducatifs qu'il faut alors concerter : cela nécessite des compétences supplémentaires, du temps et donc de l'argent.

Face à la multiplicité des acteurs (conseils départementaux, communes, chefs d'établissements, équipes éducatives, services déconcentrés de l'Éducation nationale, parents...), Lorenzo Barrault-Stella met en lumière les « résistances de la carte scolaire[1] ». Les pressions citoyennes, parfois relayées par le personnel politique local, s'exercent de manière latente sur les conseils départementaux. Les auteurs de *L'Apartheid scolaire*, ouvrage sur la ségrégation ethnique dans le système scolaire français, l'illustrent à travers la citation d'un élu : « Si le patron d'un café me dit : "Moi, je veux pas que ma fille aille à Jacques Prévert", je vais essayer de le convaincre, de lui expliquer que ce n'est pas une bonne idée, mais s'il ne change pas d'avis, c'est clair que je n'ai

1. Lorenzo Barrault-Stella, « Les résistances de la carte scolaire. Les limites du volontarisme politique dans l'action publique », *Politix*, n° 98, février 2012.

pas les moyens de lui imposer. Ce gars-là, il voit 150 personnes par jour[1]... »

Des réformes ambitieuses de la carte scolaire peuvent toutefois avoir lieu, notamment lorsqu'elles sont érigées en priorité politique et qu'elles sont accompagnées par des moyens humains et financiers[2]. Le conseil départemental de Haute-Garonne a par exemple engagé une refonte massive de la sectorisation de ses collèges depuis le milieu des années 2010. Dans un rapport pour la Fondation Jean-Jaurès, Marine Calazel insiste sur l'importance des réunions publiques organisées à l'initiative du département[3]. Les inquiétudes des familles étaient à ce moment d'autant plus grandes que l'un des objectifs du département était précisément de renforcer le brassage social des élèves.

Ces initiatives ambitieuses peuvent même être encouragées par des groupes de pression citoyens : plutôt que de militer pour le *statu quo*, il en existe

---

1. Georges Felouzis, Françoise Liot et Joëlle Perroton, *L'Apartheid scolaire. Enquête sur la ségrégation ethnique dans les collèges*, Paris, Seuil, 2005. Voir également à ce sujet le mémoire de recherche du géographe Jules Bodet qui détaille la mise en œuvre conflictuelle et complexe d'une opération de sectorisation dans les environs de Melun. Jules Bodet, « Ségrégation scolaire au collège : la carte scolaire, un objet géopolitique face aux représentations territoriales et au discours national de la mixité sociale », mémoire de recherche sous la direction de Jérémy Robine, Université Paris 8, Institut français de géopolitique, 2020.

2. Les différentes modalités de réforme de la carte scolaire seront développées dans la troisième partie de cet ouvrage.

3. Marine Calazel et Iannis Roder, «La mixité sociale dans les collèges pour favoriser la réussite de tous les élèves: le plan réussi de la Haute-Garonne», Fondation Jean-Jaurès, 9 janvier 2023.

qui incitent à la prise de décisions publiques limitant la ségrégation scolaire. Le collectif No Ghetto ferraille dans la métropole de Lyon, avec comme mantra : « Pour une mixité sociale et d'origine dans les collèges. » À Montpellier, des parents d'élèves ont occupé des écoles afin d'attirer l'attention sur les conditions de scolarisation de leurs enfants – et notamment des situations de ségrégation ethnique qu'ils estimaient subir[1]. À Paris, le collectif Apprendre Ensemble entend lutter contre la ségrégation scolaire dans la capitale, à travers la sensibilisation des parents d'élèves par exemple.

Alors que de nombreuses études soulignent l'existence de configurations où des bassins de recrutement – pourtant proches – se distinguent par leur composition sociale, il semble bien possible de créer des secteurs de recrutement plus mixtes socialement. Le chemin pour y arriver est toutefois semé d'embûches techniques et politiques : le volontarisme des acteurs locaux apparaît alors primordial. De fait, en l'absence de moyens spécifiques mis pour envisager des réformes de la carte scolaire – notamment de personnels dédiés à sa conception et à son accompagnement auprès des différents acteurs –, difficile d'avoir l'endurance nécessaire pour gommer les

1. Choukri Ben Ayed et Najat Bentiri, « Tous des enfants de la République ! Des parents d'élèves se mobilisent contre les discriminations », La Vie des idées, 11 décembre 2020.

lignes de démarcation sociales qui ponctuent la sectorisation scolaire.

Des frontières plus ou moins étanches en fonction des périodes...

Dans le film *La Cour des miracles*, l'annonce aux parents d'une nouvelle sectorisation est suivie par une succession de témoignages de parents d'élèves résidant du mauvais côté de la frontière : chacun expose ses motivations – plus ou moins recevables – dans l'objectif d'obtenir une dérogation à la carte scolaire. De fait, il n'existe pas de lien automatique entre l'adresse d'un élève et l'établissement public qu'il fréquente. Si le conseil départemental trace la sectorisation scolaire des collèges, ce sont les services déconcentrés de l'Éducation nationale qui sont responsables de l'affectation des élèves – et qui peuvent les autoriser à y déroger. Il s'agit d'une disposition presque aussi ancienne que la carte scolaire, mais dont la mise en œuvre a varié au cours du temps.

Un premier assouplissement a consisté, à partir de la rentrée 1984, à donner satisfaction aux familles demandant un changement d'affectation en sixième, dans la limite des places disponibles. D'abord cantonnée à un nombre réduit de départements, la portée géographique de cette mesure a été par la suite étendue, et la possibilité de déroger à la carte scolaire amplifiée au cours des années suivantes. L'arrivée au pouvoir en 1986 d'une coalition RPR-UDF menée par Jacques Chirac constitue à ce titre un tournant. De manière remarquable, cette politique n'a pas connu d'inflexion à la faveur du retour de la gauche au gouvernement à la fin des années 1980: l'assouplissement de la carte scolaire initié en 1984 se retrouve alors dans la quasi-totalité des départements.

La question de la mixité sociale est à ce moment absente des débats. Néanmoins, la prise en compte progressive de cet enjeu par le personnel politique conduit par la suite à une remise en cause des mesures d'assouplissement: dans la circulaire produite par le ministre Allègre citée plus haut, le premier objectif mis en avant pour la rentrée 1999 est celui de la «régulation des flux d'élèves». Pour cela, le ministre demande un «examen attentif des demandes de dérogation, une interdiction absolue de toute concurrence entre établissements». Cette volonté affichée d'appliquer plus strictement la carte scolaire n'est, à de rares exceptions près, pas remise en cause par ses successeurs, jusqu'à l'élection présidentielle de 2007.

Tout en affichant ce même objectif de brassage social des publics, Nicolas Sarkozy propose une réforme radicale de la carte scolaire lors de sa première rentrée scolaire en tant que président de la République. Dans une «lettre aux éducateurs», il précise: «Si je souhaite aller progressivement vers la suppression de la carte scolaire, c'est précisément pour qu'il y ait moins de ségrégation. » La portée de son projet s'est néanmoins rapidement amenuisée : plutôt qu'un coup de karcher qui aurait effacé les lignes de démarcations de la carte scolaire, il a simplement été demandé aux recteurs de satisfaire au mieux les demandes de dérogation.

Celles-ci restent toutefois soumises à plusieurs contraintes. En particulier, les élèves résidant dans le secteur d'un établissement sont prioritaires pour le fréquenter, puisque la carte scolaire n'a pas été abolie : les élèves demandeurs d'une dérogation ne peuvent se voir attribuer une place que dans la limite des capacités de l'établissement souhaité. Si le nombre de demandes est supérieur au nombre de places disponibles, des critères de priorité – qui prévalent au niveau national plutôt que dans chaque académie comme cela pouvait avoir lieu par le passé – sont rendus publics. Parmi eux, le critère attribuant une priorité aux boursiers au mérite et sur critères sociaux retient particulièrement l'attention : il doit permettre de favoriser la mixité sociale en donnant l'occasion aux élèves issus de ménages aux revenus modestes d'être scolarisés dans un environnement social différent de celui de leur quartier. Par ailleurs, tous les critères ne se valent pas. Une priorité absolue est accordée aux élèves demandant une dérogation pour raisons de santé. Suivent les demandes des élèves boursiers, les requêtes relatives au suivi d'un parcours scolaire particulier non dispensé dans l'établissement de secteur, la présence d'un frère ou d'une sœur dans l'établissement demandé, la proximité de ce dernier par rapport au lieu de résidence. Enfin, les autorités locales étudient les demandes de dérogation qui ne satisfont à aucun de ces critères.

Cette réforme a fait l'objet de nombreuses recherches[1]. L'étude des économistes Gabrielle Fack et Julien Grenet suggère que ces mesures ont quelque peu rebattu les cartes de l'évitement du collège de secteur : la proportion d'élèves bénéficiant d'une dérogation à l'entrée en sixième est passée de 4 % à 8 %[2]. Cependant, seule une part infime des élèves boursiers – pourtant particulièrement ciblés par la réforme – ont effectivement demandé une dérogation pour ce motif (4 %). L'ensemble des études menées s'accordent par ailleurs pour conclure à l'échec de ces mesures au regard de l'objectif d'amélioration de la mixité sociale[3]. Elles convergent également pour souligner la fragilisation des établissements les plus socialement défavorisés, pour partie désertés par les familles qui se sont vu donner la possibilité de s'en extraire.

1. *Éducation & Formations*, « Les effets de l'assouplissement de la carte scolaire », ministère de l'Éducation nationale, DEPP, n° 83, juin 2013.

2. Gabrielle Fack et Julien Grenet, « Rapport d'évaluation de l'assouplissement de la carte scolaire », CEPREMAP, 2012.

3. Si l'échec de cette politique au regard de cet objectif est largement partagé par les recherches menées sur le sujet, il n'y a pas de consensus sur son rôle dans l'amplification des écarts sociaux.

À l'occasion de l'alternance politique de 2012, et prenant acte de ce bilan décevant, le ministre Vincent Peillon engage une inflexion de la politique d'assouplissement scolaire. La circulaire de rentrée 2013 qu'il publie modifie l'ordre de priorité des motifs de dérogations : les demandes pour suivi de parcours scolaire particulier se retrouvent rétrogradées. Il est précisé qu'elles « servent trop souvent à éviter l'établissement de secteur ».

Réaffirmé en 2014, ce principe édicté au niveau national ne semble pas avoir connu de modification significative au cours de la décennie suivante. Néanmoins, par-delà ces évolutions, une caractéristique commune à l'ensemble de la période considérée est la relative opacité entourant les décisions liées aux dérogations. Si la réforme de 2007 a dressé des critères nationaux et hiérarchisés, il semble que les autorités locales gardaient en pratique une certaine autonomie dans ces attributions, Pierre Merle allant jusqu'à évoquer une « application à géométrie variable des critères de priorité[1] ». Une enquête qualitative menée dans les Hauts-de-Seine suggère que ce flou est de nature à créer de la frustration ainsi qu'un sentiment de discrimination chez une partie des parents[2].

1. Pierre Merle, *La Ségrégation scolaire,* La Découverte, coll. « Repères », 2012.

2. Marco Oberti et Clément Rivière, « Les effets imprévus de l'assouplissement de la carte scolaire. Une perception accrue des inégalités scolaires et urbaines », *Politix*, n° 107, 2014, p. 219-241.

Le brouillard est aussi épais pour les chercheurs. Ils disposent en effet de peu de données en la matière: à l'exception de la fin des années 2000, lorsque le ministère de l'Éducation nationale a fait preuve d'une remarquable transparence – permettant ainsi la production d'études sur l'assouplissement de la carte scolaire –, le manque de ressources pour étudier en profondeur ce pan des affectations est criant.

... et des caractéristiques des élèves

Autre constante: la capacité inégale des familles à demander – et à se voir attribuer – une dérogation. Pierre Merle revient sur l'importance des parcours scolaires particuliers: il s'agit de justifier sa demande de dérogation par le fait qu'une option facultative n'est pas proposée dans le collège de secteur (cours supplémentaires en langues ou dans des disciplines artistiques, par exemple). Afin de prouver l'intérêt de son enfant pour cette option à l'entrée au collège, il faut parfois se servir d'une expérience antérieure, qu'il s'agisse d'opter pour l'apprentissage de l'allemand dès l'école primaire ou d'encourager précocement la pratique intensive d'une activité artistique. En d'autres termes, il faut connaître ces règles et faire preuve d'une grande anticipation, ce qui n'est pas à la portée de tous les parents, ni d'ailleurs de toutes les bourses. Il s'agit d'un point saillant du rapport dressé par la sénatrice Cartron, qui considère que « les options sont utilisées principalement, non pas pour leur valeur éducative mais parce qu'elles constituent un motif de dérogation particulièrement commode ».

De fait, les parents n'ayant pas fait preuve de la même prévoyance peuvent se retrouver particulièrement démunis lorsque vient le temps d'exprimer leur volonté de déroger à la sectorisation scolaire. Étudiant des motifs de dérogation et leur réception au début des années 2000, les auteurs de *L'Apartheid scolaire* relèvent la justification suivante : « Je demande de mètre mon fils au collège Camu, car elle et mieux fréquanter. Et que Barbus et très mal fréquanter et qu'il et mal vue *(sic).* » On comprend qu'un tel motif peine à entrer dans les grilles d'évaluation des décideurs en matière de dérogation. Par-delà le fond de la justification, on retrouve la capacité inégale des parents à motiver leur requête mise en évidence par le sociologue Lorenzo Barraut-Stella à travers l'étude approfondie de demandes de dérogation[1]. Les défauts argumentatifs et rédactionnels relevés dans une partie des lettres diminuent les chances de se voir délivrer le laissez-passer : « Il faut savoir poser la demande

1. Lorenzo Barrault-Stella, « Écrire pour contourner. L'évitement scolaire par courrier », *Actes de la recherche en sciences sociales*, n° 180, mai 2009.

dans les termes appropriés et avec le ton adéquat», résumait ainsi la sénatrice Cartron.

D'autres travaux qualitatifs ont mis en évidence la réception différenciée des requêtes selon les caractéristiques des demandeurs. Un responsable scolaire local cité par Choukri Ben Ayed[1] explique ainsi qu'une stratégie de gestion des dérogations consiste d'abord à émettre pour partie des demandes un refus ferme qui opère comme un filtre social: seules les familles ayant les capacités – et la motivation – nécessaires vont alors formuler un recours. Pour une autre partie des demandes, celles émanant de parents ayant supposément une forte capacité à tenir tête à l'administration du fait de leur profession, l'acceptation est facilitée. De manière complémentaire, Pierre Merle note que «le tri entre les différentes demandes de dérogation n'est pas seulement déterminé par les listes des critères de dérogation, mais peut être influencé par le statut social du demandeur et la probabilité qu'il inscrive son enfant dans un établissement privé[2]».

***

À l'annonce de la nouvelle carte scolaire, l'équipe enseignante du film *La Cour des miracles*

1. Choukri Ben Ayed, *La Mixité sociale à l'école*, *op. cit.*
2. Pierre Merle, *La Ségrégation scolaire*, *op. cit.*

est indignée et l'instituteur, campé par Raphaël Quenard, s'emporte: «Ces bobos, ces technocrates, ils défilent et veulent nous la mettre à l'envers!» Léonie Simaga, qui tient le rôle de sa collègue, ajoute, dépitée: «On s'est tapé mille réunions pour rien!» Il est vrai que, du dessin de la carte scolaire au franchissement de ses frontières, les acteurs locaux peuvent se trouver démunis face aux résolutions adoptées par les autorités compétentes. En particulier, les professions qui disposent des ressources économiques, culturelles et sociales les plus grandes savent peser sur les décisions qui conduiront leur enfant à être affecté à un collège public plutôt qu'à un autre. La priorité donnée aux boursiers dans l'attribution des dérogations entendait pour partie remédier à cette situation. Le bilan de cette politique, dressé par plusieurs recherches, laisse à penser qu'il ne s'agit pas d'une panacée.

Il ne faudrait toutefois pas exagérer le rôle des dérogations dans la ségrégation scolaire. Comme mentionné à la fin du chapitre précédent, si l'on ne peut contester que, ici ou là, la politique d'attribution de ces sésames fragilise certains établissements, des études récentes font état d'une contribution globalement limitée. Autrement dit, retirer à chaque élève sa dérogation pour l'obliger à fréquenter son collège de secteur ne bouleverserait pas les grands (dés)équilibres de la composition sociale des établissements. Ces études insistent davantage sur le rôle de la sectorisation qui se confond – pour partie seulement – avec la ségrégation résidentielle. Mais elles mettent également en avant l'importance du chemin de traverse pris par un collégien sur cinq : la scolarisation dans le secteur privé.

Chapitre 3

La scolarisation dans le secteur privé : une chère liberté

> Nous avons hérité des générations précédentes le souvenir de longues querelles et même de luttes ardentes. Nous en sommes en quelque sorte les prisonniers ou plutôt, si nous ne faisons pas l'effort d'une réflexion personnelle, nous risquons d'être enfermés dans des formules qui avaient peut-être leur raison d'être il y a trois quarts de siècle, mais qu'il faut examiner avec les yeux de notre temps.

Ces mots sont prononcés le 23 décembre 1959, à l'Assemblée nationale, par le Premier ministre Michel Debré. Il présente alors une loi dont les grands principes régissent aujourd'hui encore l'enseignement privé, et entend ainsi apporter de la raison au débat public, là où ce qui prime est, selon ses propres termes, l'« éclat des passions ».

Plus de soixante ans ont passé, mais l'écho de ces paroles continue de résonner : le spectre de la guerre scolaire plane sur toute tentative de réforme de l'enseignement privé. En 2023 encore, lorsque le ministre de l'Éducation nationale Pap Ndiaye évoque la nécessité de faire contribuer les établissements privés à la mixité scolaire, le président de la République appuie son constat, tout en précisant « qu'il ne faut pas réveiller de vieux conflits[1] ». De fait, la tentative de revoir radicalement les modalités d'organisation de l'enseignement privé menée en 1984 par Alain Savary, lointain prédécesseur du ministre Ndiaye, reste dans la mémoire collective: des centaines de milliers de manifestants se sont alors massés dans les rues de Paris. Ils s'opposaient à la volonté du gouvernement socialiste d'intégrer les établissements privés à un service public unifié et laïque de l'Éducation nationale (SPULEN). La vigueur de la contestation provoque alors un véritable séisme politique: François Mitterrand annonce à l'été 1984 l'abandon de ce projet de loi, pourtant adopté en première lecture à l'Assemblée nationale, entraînant la chute du ministre et, dans son sillage, celle du gouvernement Mauroy auquel il appartenait.

Le débat public a été durablement façonné par ces secousses[2]. Cependant, les termes ont radicalement changé depuis la loi de 1959 et, plutôt que de considérer cette dernière comme un totem, il

1. Interview dans le journal l'*Opinion* du 14 mai 2023.

2. Voir notamment sur cette question la note de la Fondation Jean-Jaurès rédigée par Hadrien Brachet.

semble important, comme y invitait son instigateur Michel Debré, d'apprécier la situation actuelle « avec les yeux de notre temps ».

L'héritage de la guerre scolaire

Dans la France du XIXe siècle, l'école privée s'est construite en opposition à une école publique qui entend se défaire de l'obscurantisme religieux[1]. Une posture d'autant plus forte chez les catholiques que la société prête alors une grande capacité d'influence des enseignants sur les croyances des enfants. C'est donc avec en arrière-plan le conflit qui oppose, dans la France contemporaine, les partisans d'un régime républicain – encore fragile – à l'Église catholique – considérée comme l'une des menaces à sa pérennité – que les « longues querelles » et les « luttes ardentes » mentionnées par le Premier ministre Debré se déploient.

Les établissements primaires privés se définissent à l'époque précisément par leur absence de financement public, tandis que les établissements secondaires peuvent se voir octroyer des fonds de la part des collectivités locales, mais d'un montant

1. Voir notamment à ce sujet Antoine Prost, *Histoire générale de l'enseignement et de l'éducation en France*, Paris, Perrin, coll. « Tempus », 2004.

strictement limité[1]. Ces deux secteurs d'enseignement – publics et privés – coexistent dans un climat de tension au sein duquel il est « impossible de rester neutre: tout ce qui sert l'école libre menace l'école laïque et réciproquement[2] ». La situation financière du secteur privé se dégrade au milieu du XXe siècle pour au moins deux raisons principales. D'abord, le déclin progressif des vocations religieuses impose aux établissements de recruter des enseignants laïcs salariés. Dans le même temps, une partie des donateurs de ces établissements se trouve ruinée par les épisodes d'hyperinflation qui ont ponctué la première moitié du XXe siècle[3]. Les partisans de l'enseignement privé s'organisent alors pour prier la puissance publique de lui venir en aide. La configuration leur est à ce moment favorable: les établissements publics n'ont pas la capacité d'absorber les effectifs que leurs homologues privés prennent en charge, d'autant plus que le système éducatif doit faire face à une poussée démographique.

C'est dans ce contexte qu'est discutée ce qui deviendra la loi Debré. Votée le 31 décembre 1959, elle sanctuarise le principe de financement public

1. Voir notamment Claude Lelièvre, « Laïciser l'enseignement privé, retour sur la loi Debré de 1959 », *Germinal*, n° 5, février 2022.

2. Antoine Prost, *Histoire générale de l'enseignement et de l'éducation en France*, *op. cit.*

3. Voir également à ce propos: Jean-Paul Scot, « Loi Debré, liberté d'enseignement et dualisme scolaire », *La Pensée*, n° 387, mars 2016.

des établissements privés[1]. Preuve de la vivacité des débats dans l'opinion publique, le Comité national d'action laïque qui s'est formé au début des années 1950 parvient à réunir plus de 10 millions de signatures autour d'une pétition demandant l'abrogation de cette loi. Ce collectif réussit même à mobiliser 300 000 personnes au bois de Vincennes, sans toutefois obtenir gain de cause.

Des établissements privés largement financés sur fonds publics

La législation complexe qui régit l'existence des établissements privés aujourd'hui est héritière de cette histoire. Composée d'un ensemble disparate de textes, la loi de 1959 en constitue un pilier[2]. Elle permet aux établissements privés ayant accepté de passer un contrat d'association avec l'État d'obtenir la prise en charge du salaire des enseignants[3]. Ils se voient par ailleurs octroyer des

1. Quelques avancées législatives en la matière ont toutefois eu lieu au cours des années précédentes.

2. Dans son rapport de juin 2023, la Cour des comptes liste les différentes lois relatives à l'enseignement privé (voir notamment l'encadré p. 25).

3. Il existait en réalité deux types de contrats : contrat d'association et contrat simple. La quasi-totalité des contrats dans les établissements secondaires sont toutefois des contrats d'association. Voir notamment Claude Lelièvre, « Laïciser l'enseignement privé », art. cité, pour plus de détails sur cette question.

financements relatifs à la prise en charge des personnels non enseignants.

En 2022, près de deux tiers des financements des collèges et lycées privés provenaient du budget de l'État; les collectivités locales contribuent quant à elles à hauteur de 10 %, à travers leur participation aux dépenses de fonctionnement et d'une partie du personnel non enseignant. Trois quarts du financement des collèges et lycées privés sous contrat sont donc issus de fonds publics, le reste étant essentiellement assuré par les familles[1].

En échange de ces subsides, les établissements privés s'engagent à respecter les programmes scolaires et à accueillir « tous les enfants sans distinction d'origine, d'opinions ou de croyance ». La Cour des comptes relevait néanmoins dans un rapport que la puissance publique était peu regardante sur le respect des termes du contrat. De nombreux contrôles qui lui incombe – administratifs, financiers ou encore pédagogiques – ne sont que très partiellement effectués. S'il n'y a pas lieu de jeter l'opprobre sur l'ensemble de ces établissements, des dérives ont pu être constatées dans certains d'entre eux en l'absence de ces contrôles: ce sont par exemple des révélations de la presse qui ont conduit le ministre Ndiaye à demander un rapport de son inspection générale sur l'établissement Stanislas.

1. Voir le graphique 4 de la section 9.04 dans l'ouvrage du ministère de l'Éducation nationale, *Repères et références statistiques 2023*.

Dans le « respect total de la liberté de conscience », l'établissement garde néanmoins le droit de conserver un « caractère propre », notion relativement floue qui peut trouver une traduction dans les méthodes pédagogiques adoptées, mais qu'il reste difficile de définir précisément. Cette mention est en fait le fruit d'un compromis entre l'enseignement catholique, qui veut faire reconnaître sa spécificité, et un régime républicain, toujours réticent à l'idée de l'inscrire dans la loi.

De fait, à ce jour, plus de 90 % des établissements sous contrat du second degré sont des établissements catholiques (voir figure 14 qui suit). Il existe toutefois une proportion non négligeable d'établissements laïcs – environ 1 sur 20. L'École alsacienne, par exemple, est comprise dans cet ensemble hétérogène. Située à Paris et scolarisant des élèves de la petite section à la classe de terminale, son nom a pu revenir avec insistance dans les médias, notamment du fait des liens qui l'unissent aux ministres de l'Éducation nationale Pap Ndiaye, parent d'élève, et Gabriel Attal, ancien élève. Le journaliste Lucas Bretonnier est revenu dans un essai sur ce qui caractérise cet établissement scolaire, par-delà la surreprésentation d'élèves au patronyme célèbre[1]. L'« Alsacienne » se distingue notamment des établissements privés catholiques par l'accent

1. Lucas Bretonnier, *L'École du gotha. Enquête sur l'Alsacienne*, Paris, Seuil, 2021.

mis sur le rapport horizontal à l'autorité, le développement des compétences socio-émotionnelles des élèves, ou encore la place accordée à des matières peu valorisées dans le système scolaire classique – notamment les arts. Ce modèle, défendu par le directeur de l'établissement Pierre de Panafieu dans *Cas d'écoles*[1], n'est toutefois pas l'archétype des établissements privés laïcs sous contrat : on peut également trouver dans cet ensemble hétérogène des établissements d'enseignement de langue régionale accueillant un public bien plus défavorisé.

Figure 14 – Répartition des établissements secondaires sous contrat selon leur coloration en 2021

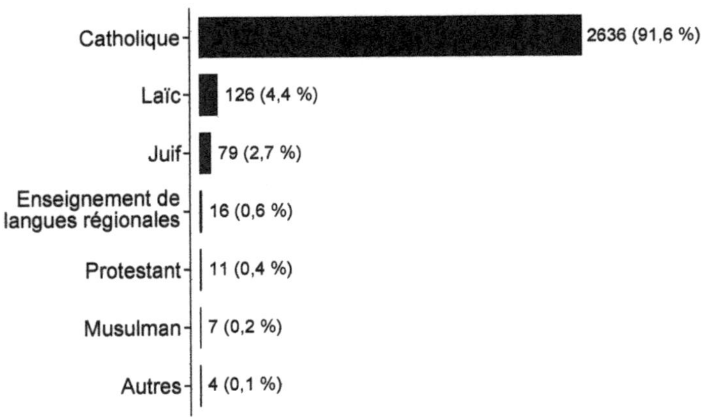

Note de lecture : Parmi les établissements secondaires privés sous contrat, on recense 2 636 établissements catholiques, soit 91,6 % du total.

1. Coécrit avec Éric Chol aux Éditions Fayard en 2018.

Source : Graphique réalisé à partir des données de la Direction des affaires financières du ministère de l'Éducation nationale retranscrites dans le tableau n° 3 du rapport public thématique de la Cour des comptes, « L'enseignement privé sous contrat », juin 2023.

Au-delà des cours supplémentaires – religieux, par exemple – qu'ils peuvent prodiguer en leur sein, les établissements privés sous contrat se distinguent par les pouvoirs accordés au chef d'établissement. Par exemple, les enseignants sont nommés sur sa proposition[1]. Ces établissements bénéficient également d'une marge de manœuvre accrue pour ce qui est de l'élaboration du règlement intérieur, de l'organisation des enseignements (il leur est, entre autres, possible de constituer des classes non mixtes, c'est-à-dire composée uniquement de filles ou de garçons) ou encore du renvoi des élèves.

Une part de marché scolaire stable sur le temps long

Depuis le début des années 1960, environ un élève sur cinq fréquente un établissement secondaire privé (collège ou lycée)[2]. Cette part reste stable, même si la tendance récente au niveau du

---

1. Cette prérogative a été instituée par la loi Guermeur de 1977, mais existait dans une forme atténuée dans la loi Debré de 1959. Voir le rapport de la Cour des comptes.

2. Pour une évolution de la part du secteur public dans les premier et second degrés depuis le XIXe siècle, voir le graphique 3.9 dans : Julia Cagé et Thomas Piketty, *Une histoire du conflit politique. Élections et inégalités sociales en France, 1789-2022*, Paris, Seuil, 2023.

collège est à une augmentation, comme l'illustre la figure 15. En 1995, 19,4 % des collégiens étaient scolarisés dans un établissement privé, contre 21,5 % en 2020.

Figure 15 – Évolution de la part de collégiens inscrits dans un établissement privé entre les rentrées 1995 et 2020

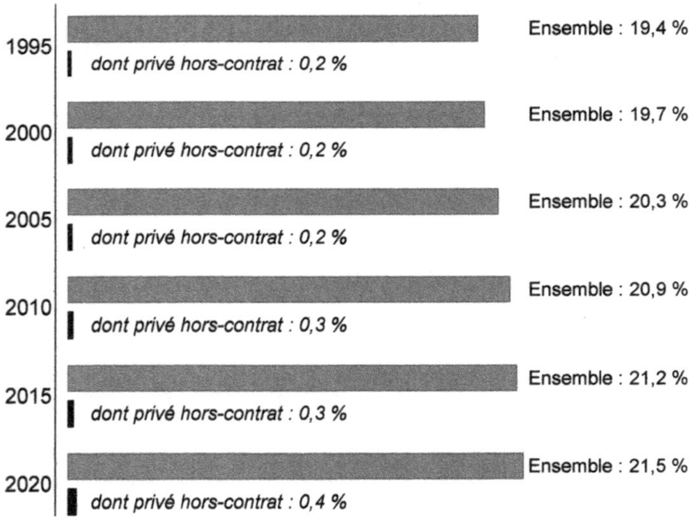

Note de lecture: À la rentrée 1995, parmi l'ensemble des collégiens français, 19,4 % étaient scolarisés dans un collège privé. Pour une part infime (0,2 %), il s'agissait d'un établissement privé hors contrat, le reste (19,2 %) fréquentant un collège privé sous contrat.

Source: Graphique réalisé à partir des données présentées dans *Repères et références statistiques 2021*, ministère de l'Éducation nationale.

Le privé hors contrat est quant à lui marginal, concernant au plus 0,4 % des collégiens français sur l'ensemble de la période. Ces établissements sont libres du contenu et des horaires d'enseignement qui doivent tout de même permettre l'acquisition d'un socle de connaissances défini par le ministère de l'Éducation nationale. Des contrôles administratifs et pédagogiques sont prévus, dont une partie met en évidence des dérives pour ce qui est des apprentissages et des valeurs qui y sont prônées, d'après le Comité national d'action laïque. À l'instar du secteur privé sous contrat, le secteur privé hors contrat est composé d'établissements extrêmement disparates – certains se réclament d'une obédience religieuse tandis que d'autres mettent l'accent sur des pédagogies particulières. Son étendue est limitée par l'absence de financement public qui implique pour les familles des frais de scolarité bien plus élevés.

La présence des écoles privées hors contrat se concentre néanmoins dans certains territoires : dans la capitale, en 2020, 2,4 % des élèves du second degré sont scolarisés dans ce type d'établissement[1]. Et cette proportion a doublé au niveau national sur cette même période, l'essentiel de la progression s'étant faite au cours des deux dernières décennies[2].

---

1. Les données utilisées ne permettent pas de vérifier si ce constat est généralisable à l'ensemble des métropoles.

2. Une autre possibilité donnée aux parents pour satisfaire à l'obligation d'instruction dès 3 ans est l'éducation en familles. Cette possibi-

Certains organismes encouragent cette croissance, parfois même avec le concours d'éminents membres du personnel politique. Ainsi, Xavier Darcos, l'un des successeurs de l'illustre Jules Ferry à la tête du ministère de l'Éducation nationale (2007-2009), préside la fondation Kairos pour l'innovation éducative en sa qualité de président de l'Institut de France. D'après son site internet, « la Fondation Kairos, en à peine 3 ans d'existence, a apporté au total 305 K euros de subventions dont 169 K euros de bourses d'accessibilité sociale » – la moitié des subventions accordées concernant des « projets chrétiens »[1]. Privées de fonds de la part du ministère de l'Éducation nationale, les écoles privées hors contrat – mêmes confessionnelles – arrivent parfois à en obtenir un soutien indirect.

Les financements de l'État orientés vers le secteur privé sous contrat dépendent quant à eux de ceux qui sont attribués au secteur public, au travers d'une « règle non écrite, [...] réaffirmée de manière constante depuis les années 1960[2] », qui stipule que

lité est toutefois strictement limitée et concerne 62 000 élèves en 2020. Bruno Poucet, « L'enseignement privé en France en 2020 », *Germinal*, n° 5, novembre 2022, p. 148-161.

1. De manière plus générale, le site internet de la fondation mentionne trois missions : soutenir les écoles indépendantes et les projets éducatifs innovants, remettre la liberté et l'innovation au cœur de la pensée sur l'éducation et démocratiser l'accès aux écoles indépendantes.

2. Cette règle non écrite est notamment évoquée dans le rapport que la Cour des comptes a consacré au privé. Par ailleurs, le ministère ne distingue pas les premier et second degrés dans les crédits qu'il octroie au

les moyens attribués à l'enseignement privé correspondent à 20 % de ceux qui le sont à l'enseignement public, permettant ainsi d'entériner cette répartition des effectifs entre les deux secteurs.

Cette stabilité au niveau national cache des dynamiques divergentes au niveau local. Julien Grenet a par exemple mis au jour la croissance très forte du secteur privé sous contrat parmi les élèves de sixième des collèges parisiens[1]. Alors que depuis le début des années 2000, ce pourcentage oscille entre 34 et 35 %, il augmente d'un point par an depuis la rentrée 2020 pour atteindre près de 39 % à la rentrée 2023. Cela s'explique par la baisse démographique qui touche la capitale depuis plus d'une décennie : le nombre d'élèves diminue, mais les classes ne sont fermées que dans le secteur public. Le secteur privé voyant ses effectifs stagner, son poids relatif augmente. D'après les calculs de l'économiste, si la trajectoire actuelle se poursuit, les collèges privés parisiens pourraient scolariser plus d'un collégien sur deux dans la capitale au début des années 2030, avec pour conséquence une ségrégation accrue.

---

secteur privé, cette règle s'entend donc au niveau de l'ensemble des élèves et non pas pour chaque degré pris séparément.

1. Julien Grenet, « L'école publique a-t-elle encore un avenir à Paris ? », conférence-débat « Paris mobilisé pour la défense de l'École publique », Paris, Hôtel de Ville, 6 février 2024.

Le public à la carte des établissements privés

Car ce que masque aussi cette évolution des effectifs, c'est le phénomène d'embourgeoisement qui a caractérisé l'enseignement privé au cours des dernières décennies[1]. En 1989 déjà, la part d'élèves socialement favorisés était supérieure de 13 points de pourcentage dans l'enseignement privé sous contrat, en comparaison avec l'enseignement public. Cet écart s'est accentué de manière continue, avec une accélération à partir des années 2000, pour finalement atteindre 24 points de pourcentage en 2022: 57 % des élèves scolarisés dans l'enseignement privé ont alors une origine sociale favorisée, tandis que cette part ne dépasse pas les 33 % dans l'enseignement public[2].

Localement, ces écarts peuvent être encore plus prononcés. Avec Julien Grenet, nous avons estimé qu'au sein des collèges privés sous contrat de la capitale, huit élèves sur dix sont d'origine sociale favorisée[3]. On pourrait être tenté de mettre en relation ce chiffre relativement élevé avec les

1. Phénomène qui a notamment été mis au jour par le service statistique du ministère de l'Éducation nationale: Marine Guillerm et Olivier Monso, « Évolution de la mixité sociale des collèges », note d'information n° 23.37, DEPP, 2023. En ligne: https://shs.hal.science/halshs-04160479

2. Ministère de l'Éducation nationale, *Repères et références statistiques 2023*.

3. Julien Grenet et Youssef Souidi, *Renforcer la mixité sociale au collège: une évaluation des secteurs multi-collèges à Paris*, rapport n° 31, Institut des politiques publiques, février 2021.

spécificités socio-démographiques de la population parisienne. Cette explication ne résiste pas à l'analyse : seule la moitié des élèves inscrits dans les collèges publics de la capitale ont une origine sociale favorisée. Si l'on s'intéresse aux élèves à l'origine sociale la plus défavorisée (ceux dont le responsable légal est ouvrier, chômeur ou inactif), le fossé apparaît plus abyssal encore : les collèges privés sous contrat n'en accueillent quasiment pas (seulement 3 %), alors qu'un élève sur quatre appartient à cette catégorie dans les collèges publics (24 %).

On a là un cas d'enseignement privé relativement uniforme dans sa composition sociale, tant il est rare d'y trouver des élèves socialement défavorisés. Cependant, une autre caractéristique de l'enseignement privé au niveau national est sa ségrégation interne : dans certaines métropoles – celles de Lille ou de Marseille par exemple – coexistent sur un même territoire des collèges privés au profil social extrêmement défavorisé et d'autres particulièrement favorisés.

Figure 16 – Répartition des collèges publics et privés selon leur IPS moyen à la rentrée 2021

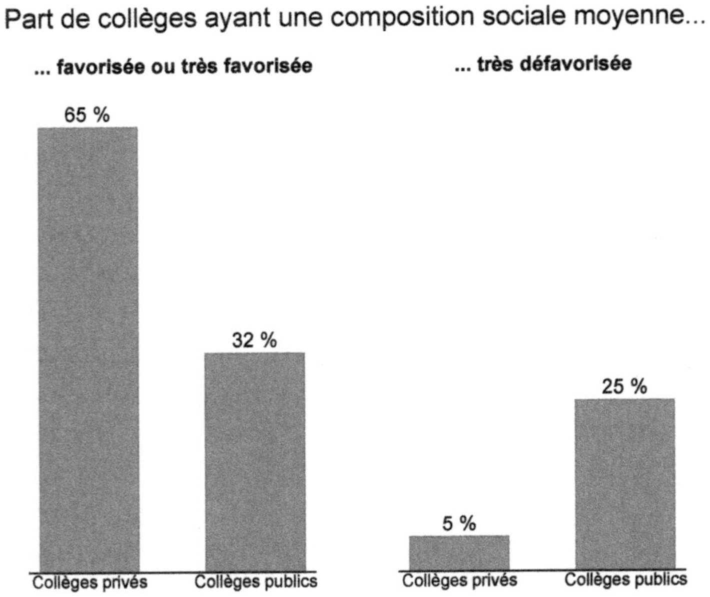

Note de lecture: À la rentrée 2021, parmi l'ensemble des collèges privés sous contrat, 65 % ont une composition sociale moyenne considérée comme « favorisée ou très favorisée ».
À l'échelle nationale, les 40 % de collèges à l'IPS le plus élevé sont ici considérés comme ayant une composition sociale « favorisée ou très favorisée ». Les 20 % de collèges à l'IPS le plus faible font ici partie de la catégorie d'établissements ayant une composition sociale « très défavorisée ».

Source: Calculs de l'auteur à partir du fichier sur les indices de position sociale du ministère de l'Éducation nationale, rentrée 2021.

À l'échelle du pays, en utilisant l'IPS des collèges, on constate que près des deux tiers des collèges privés sous contrat ont une composition sociale favorisée ou très favorisée, tandis que cette situation ne concerne qu'un tiers des collèges publics[1]. À l'inverse, 5 % des collèges privés sous contrat peuvent être considérés comme ayant une composition sociale très défavorisée. Cette proportion quintuple lorsqu'on s'intéresse aux collèges publics (25 %). Il serait donc erroné de dire que l'ensemble des établissements privés sous contrat contribuent à la ségrégation scolaire, certains se spécialisant même dans l'accueil d'élèves socialement défavorisés. Il n'en reste pas moins qu'au sein de l'enseignement privé, les établissements socialement favorisés sont largement surreprésentés.

Des barrières à l'entrée du privé trop hautes pour être franchies par tous ?

S'il est un domaine dans lequel les établissements privés se singularisent tout particulièrement, c'est dans leur autonomie de recrutement des élèves. Ils ne sont soumis à aucune forme de sectorisation scolaire et n'ont donc pas de bassin de recrutement prédéfini. Une explication régulièrement avancée pour expliquer les

1. Pour rappel, les collèges socialement favorisés regroupent ici les 40 % de collèges à la composition sociale la plus favorisée au niveau national, d'après leur IPS. Les collèges socialement très défavorisés sont les 20 % de collèges à l'IPS le plus faible à l'échelle de la France.

caractéristiques sociales des élèves inscrits dans le secteur privé est la ségrégation résidentielle : bien que ces établissements ne disposent pas d'un bassin de recrutement établi à l'instar de leurs homologues du public, ils s'inscrivent dans un territoire à la tonalité sociale plus ou moins marquée.

C'est en partie vrai. Pour 282 des 1 079 établissements privés sous contrat à la composition sociale favorisée ou très favorisée, on ne trouve à moins de 15 minutes à pied que des collèges de même profil social, soulignant le contexte géographique plutôt privilégié dans lequel ils s'inscrivent. Cependant, un nombre similaire de collèges privés socialement favorisés ou très favorisés (265) n'ont que des voisins à la composition sociale différente[1]. Ainsi, même en utilisant une notion de proximité extrêmement restreinte – 15 minutes à pied –, on voit qu'une partie des établissements favorisés s'inscrivent dans un territoire socialement contrasté : difficile dans ces conditions de considérer que les contraintes liées au contexte géographique empêchent ces établissements de prendre leur part dans l'accueil des élèves socialement défavorisés.

1. Ces chiffres sont calculés à partir des indices de position sociale des collèges, avec une méthodologie similaire à celle présentée dans : Hugo Botton et Youssef Souidi, « Le collège d'à-côté », art. cité.

Quand bien même les établissements privés seraient à un temps de trajet raisonnable de domicile, les familles les plus socialement défavorisées ne les envisageraient pas pour leurs enfants – un phénomène que, en l'état actuel des choses, il est impossible de quantifier précisément. Pour cela, il faudrait connaître, pour chaque établissement, les caractéristiques des élèves candidats à l'inscription. Or, du fait des procédures de recrutement spécifiques à chaque établissement et d'une absence de centralisation de l'information, de telles statistiques ne peuvent être produites. Il reste néanmoins possible de distinguer quelques barrières potentielles à l'accès aux établissements privés pour les familles les moins favorisées.

Une première raison peut tenir à la difficulté d'accès à l'information. Chaque établissement privé a son propre calendrier et ses propres modalités de sélection. Il incombe donc à la famille de faire la démarche de se renseigner sur l'établissement d'intérêt, notamment à travers son site internet – si tant est qu'elle ait connaissance de son existence et de la possibilité éventuelle d'y inscrire son enfant. Sur ces sites, les informations pertinentes pour l'inscription des élèves ne sont pas présentées de manière uniformisée et peuvent même se révéler très sommaires.

Or la dernière étude de l'INSEE sur les capacités et compétences numériques indique qu'elles se révèlent nulles ou limitées pour la moitié des adultes[1]. Si cette moyenne est tirée vers le haut par les plus âgés, elle concerne également les tranches d'âge les plus susceptibles d'avoir des enfants inscrits dans un établissement scolaire : un tiers parmi les 30-44 ans et la moitié parmi les 45-59 ans. En s'intéressant plus particulièrement à ceux qui n'ont pas de diplôme, l'INSEE constate que huit individus sur dix sont concernés par une absence ou une quasi-absence de capacités numériques. Avec ces données en tête, on comprend que l'éparpillement des informations sur les établissements privés complique la tâche des plus défavorisés.

Par ailleurs, au-delà de cet accès à l'information, la constitution du dossier se révèle contraignante lorsqu'elle nécessite la production de pièces telles qu'une lettre de recommandation ou de motivation. Plusieurs études ont souligné, dans le contexte des demandes de dérogation, que les familles n'étaient pas à égalité pour générer pareils documents[2]. Un adulte sur cinq en France éprouve des difficultés à comprendre un texte, même succinct, bien qu'il puisse généralement « identifier une information élémentaire, dans un contexte simple[3] ». Si ces

1. INSEE Références, *L'économie et la société à l'ère du numérique*, 2019.

2. Voir notamment Lorenzo Barrault-Stella, « Écrire pour contourner. L'évitement scolaire par courrier », art. cité.

3. Nicolas Jonas, « Les capacités des adultes à maîtriser des informations écrites ou chiffrées », INSEE Première, 2013.

individus sont surreprésentés parmi les personnes nées à l'étranger, cette proportion atteint tout de même 18,5 % parmi celles qui sont nées en France. Et c'est logiquement parmi les moins diplômés que se concentrent les difficultés : dans cette catégorie, quatre adultes sur dix disposent d'un faible niveau de compétences à l'écrit. Autrement dit, les familles les plus socialement défavorisées ont peu de chances de satisfaire aux prérequis d'inscription demandés par les établissements privés.

À une question sur la complexité des procédures d'inscription dans le secteur privé, le secrétaire général de l'Enseignement catholique insiste sur la spécificité de ces établissements : « L'inscription de l'élève, chez nous, n'est pas un simple acte administratif ; c'est une rencontre, la rencontre d'une famille et d'un jeune avec notre projet éducatif particulier, porteur de fraternité et d'espérance[1]. » Encore faut-il que cette rencontre puisse avoir lieu.

Une étude parue dans la *Revue française d'économie* faisait ainsi état de discrimination ethno-raciale d'une partie des établissements privés dans leur réponse aux parents d'élèves sollicitant une inscription[2]. Pour ce faire, les auteurs ont eu recours à une méthode habituellement mise en œuvre pour repérer

1. Gurvan Le Guellec, « Mixité sociale dans les écoles privées : "Notre liberté de recrutement n'est pas négociable" », *L'Obs*, 13 janvier 2023.

2. Thomas Brodaty, Loïc du Parquet et Pascale Petit, « La discrimination à l'entrée des établissements scolaires privés », *Revue française d'économie*, vol. XXIX, février 2014.

les discriminations sur le marché du travail, le *testing*, pour l'appliquer aux demandes d'inscription dans l'enseignement privé. En pratique, les chercheurs ont envoyé des mails aux mêmes établissements privés, mais sous l'identité de deux pères fictifs: l'un dont le nom et le prénom suggèrent une absence d'origine migratoire, l'autre dont le patronyme est à consonance maghrébine. La missive de ce dernier est plus souvent ignorée que celle du père autochtone (58 % contre 41 % au collège). Lorsqu'un établissement apporte une réponse aux deux pères, celui au patronyme autochtone a une probabilité faible, mais plus grande que le père au patronyme maghrébin, de recevoir une réponse positive ferme.

Cette étude ne conclut certainement pas à une discrimination généralisée de la part des établissements privés au détriment des élèves supposément d'origine maghrébine. Elle n'en met pas moins en lumière l'un des mécanismes à travers lequel, pour une partie des établissements privés, les parents volontaires peuvent être freinés dans leur demande, du fait de leurs caractéristiques sociodémographiques. Il est important de noter qu'à l'inverse, certains établissements ont pu instaurer des politiques d'ouverture afin d'élargir leur recrutement géographique et social[1].

1. L'école Alsacienne, par exemple, a développé des «partenariats Charcot» avec des établissements situés dans des zones socialement défavorisées, afin d'ouvrir à leurs élèves une procédure spécifique d'admission.

Enfin, une caractéristique des établissements privés sous contrat est leur capacité à imposer des frais de scolarité dont le montant est librement fixé par les établissements, et qui constituent une barrière difficilement franchissable pour une partie des familles. La Cour des comptes note qu'en plus de ces frais pour les élèves inscrits, certains établissements imposent des frais de dossier – non récupérables – pour les élèves *candidats* à l'inscription, limitant d'emblée la capacité des moins dotés à s'engager dans cette démarche. Le secrétaire général de l'Enseignement catholique insiste quant à lui sur le rôle des frais de cantine dans le coût de la scolarité, plus élevés que dans le secteur public du fait d'un défaut de subventions publiques, y voyant là une « discrimination[1] ».

De manière générale, les procédures d'admission dans les établissements privés se révèlent donc complexes – si ce n'est opaques. Les raisons de la sous-représentation des catégories sociales défavorisées restent sous-explorées. En cause, l'absence de transparence sur les critères de sélection, mais aussi le manque de remontée d'informations qui empêche de réaliser une cartographie précise des potentiels verrous à l'entrée – et de la capacité de chacun à les débloquer.

1. Conférence de presse de Philippe Delorme, secrétaire général de l'Enseignement catholique, le 22 septembre 2022. D'autres établissements adoptent à l'inverse une politique de frais d'inscription plus inclusive puisqu'elle consiste à les moduler en fonction du revenu des familles. Le réseau Diwan d'enseignement de langue régionale va jusqu'à assurer la gratuité de l'inscription dans les établissements qu'il supervise.

Par-delà l'accès aux établissements privés, les raisons pour lesquelles les élèves les quittent en cours de scolarité sont également mal connues. Tout juste une étude du ministère de l'Éducation nationale publiée en 2015 permet-elle d'émettre quelques hypothèses[1]. Au début des années 2010, les élèves entrés en sixième dans un collège privé avaient une probabilité d'autant plus forte de changer d'établissement au cours de leur scolarité que leur niveau scolaire est faible (figure 17). Si ce constat s'observe également dans le secteur public, c'est avec une ampleur bien plus faible. Les raisons évoquées pour justifier le changement d'établissement diffèrent également selon le type de collège : 10 % des familles d'élèves ayant quitté un collège privé déclarent que c'est du fait du niveau scolaire trop élevé de l'établissement. Cette raison n'est quasiment pas évoquée lorsque l'enfant a quitté un collège public (2 %). Enfin, parmi les élèves qui quittent un collège privé en cours de scolarité, près d'un sur deux rejoint un collège public. Ces statistiques, quoique parcellaires et anciennes, donnent toutefois corps à l'idée selon laquelle une partie des établissements privés se délestent des éléments les moins prometteurs – charge aux collèges publics d'en assurer ensuite l'accueil.

1. Claudine Pirus, « Un élève sur cinq change d'établissement au cours de sa scolarité au collège », note d'information n° 15.32, DEPP, ministère de l'Éducation nationale.

Figure 17 – Pourcentage d'élèves ayant changé de collège selon le type d'établissement fréquenté à l'entrée en sixième

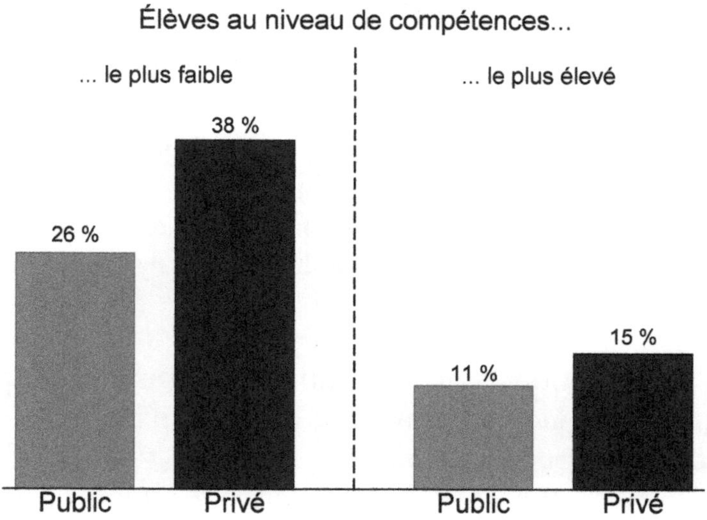

Note de lecture: À gauche est représentée la proportion d'élèves ayant changé de collège au cours de leur scolarité en se restreignant aux 25 % d'élèves ayant obtenu les résultats les moins élevés aux évaluations de fin de sixième. À droite, la focale est portée sur les 25 % d'élèves ayant obtenu les résultats les plus élevés. Les pourcentages sont présentés séparément selon que l'élève est entré en sixième dans un collège public ou privé sous contrat.
Parmi les élèves au niveau de compétences le plus faible en début de collège, 26 % de ceux scolarisés dans le secteur public ont changé d'établissement en cours de scolarité. Ce chiffre s'élève à 38 % parmi ceux scolarisés dans le secteur privé.
Source: Graphique réalisé à partir des données présentées dans le document suivant: Claudine Pirus, «Un élève sur cinq change d'établissement au cours de sa scolarité au collège», note citée.

Des sanctuaires sous haute protection républicaine

Lors de la discussion de son projet de loi, en 1959, Michel Debré prévient :

> Mais, je vous le dis, il n'est pas concevable, pour l'avenir de la nation, qu'à côté de l'édifice public de l'éducation nationale, l'État participe à l'élaboration d'un autre édifice qui lui serait en quelque sorte concurrent et qui marquerait, pour faire face à une responsabilité fondamentale, la division absolue de l'enseignement en France.

La situation actuelle semble s'approcher de ce qui sonne alors comme une dystopie dans le discours du Premier ministre.

Dès les années 1980, l'historien Antoine Prost pointait le paradoxe suivant : « Les écoles libres se remplissent tandis que la fréquentation des églises tend à s'amenuiser[1]. » De nombreuses études en sciences sociales ont depuis confirmé que la scolarisation dans un établissement privé relève bien davantage d'une volonté – au demeurant entendable – d'assurer le maximum de chances à son enfant que du souhait de le confier à des établissements se réclamant d'une obédience religieuse. Or, c'est bien dans cette seconde perspective que les

1. Antoine Prost, *Histoire générale de l'enseignement et de l'éducation en France* (dir. Louis-Henri Parias), tome IV, *L'École et la Famille dans une société en mutation*, Paris, Perrin, coll. « Tempus », [1981] 2004.

modalités d'organisation des établissements privés sous contrat ont été imaginées. Les établissements privés d'aujourd'hui se retrouvent donc héritiers d'un régime qui leur est largement favorable puisque majoritairement financé sur fonds public, tout en n'ayant aucune contrainte en matière de recrutement des élèves.

Leur réforme s'avère cependant extrêmement difficile. Revenant sur le rôle déterminant des questions éducatives dans le conflit politique et électoral au cours des deux derniers siècles, les chercheurs Julia Cagé et Thomas Piketty soulignent les limites du mode d'organisation actuel tout en rappelant que sa transformation « implique presque inévitablement des processus tendus et conflictuels[1] ». De fait, les longs échanges qui ont abouti à la loi Debré – tout comme la débâcle politique qui a accompagné la volonté du gouvernement socialiste d'en réformer les modalités un quart de siècle plus tard – continuent d'imprégner le débat public : c'est sans doute avec ce douloureux passif que le président Macron alertait au printemps 2023 sur la nécessité de « ne pas réveiller de vieux conflits ». Cet avertissement faisait notamment suite à une interpellation de Gérard Larcher, troisième personnage de l'État en sa qualité de président du Sénat. Il s'était publiquement

1. Julia Cagé et Thomas Piketty, *Une histoire du conflit politique*, *op. cit.*

inquiété quelques semaines plus tôt de voir « rallumer la guerre scolaire », rappelant au passage au ministre de l'Éducation nationale, Pap Ndiaye, que l'une des priorités de l'école est de « porter la République ». C'est pourtant bien dans le prolongement de la loi de 2021 confortant le respect des principes de la République – laquelle réaffirme l'objectif d'amélioration de la mixité sociale dans les établissements scolaires publics et privés sous contrat – que le ministre a fait part de son souhait de voir ces derniers y contribuer davantage[1].

Face à la vigueur de l'opposition politique, l'ambition initialement affichée du ministre s'est progressivement étiolée. Après un véritable chemin de croix, une convention incitative avec le secrétaire général de l'Enseignement catholique a été signée. Cet accord prévoit notamment de centraliser l'information sur l'enseignement privé afin d'en faciliter l'accès, de favoriser la modulation des frais d'inscription en fonction du revenu des familles, ainsi que d'augmenter la part de boursiers scolarisés dans ces établissements, en contrepartie toutefois d'une prise en charge des frais de cantine par les collectivités locales.

Si la tentative du ministre Ndiaye a bien eu le mérite de mettre ce débat sur la place publique,

1. Également appelée « loi séparatisme » ; son article 58 précise : « L'autorité de l'État compétente en matière d'éducation veille, en lien avec les établissements scolaires publics et privés sous contrat et en concertation avec les collectivités territoriales, à l'amélioration de la mixité sociale au sein de ces établissements. »

la portée politique de cet accord ne fait pas l'unanimité. En particulier, l'ancien « numéro deux » du ministère de l'Éducation nationale, Jean-Paul Delahaye, a pointé son caractère très peu contraignant[1]. Il note aussi qu'un tel accord est contraire à l'esprit de la loi Debré qui ne reconnaît que des établissements et non pas un système d'enseignement organisé, parallèle à l'enseignement public. Il invitait ainsi à « relire la loi Debré », finissant par là même de souligner le décalage entre la situation actuelle de l'enseignement privé sous contrat et l'esprit de la loi qui lui a donné naissance.

***

La sécession scolaire est-elle donc inéluctable ? L'organisation même du système éducatif incite les parents à se poser la question du choix de l'établissement, et à mettre en œuvre diverses stratégies pour assurer à leur enfant ce qu'ils considèrent comme étant les meilleures conditions de scolarisation. Partant de là, il est difficile de compter sur leur bonne volonté, rares étant les familles à vouloir sacrifier ce qu'elles perçoivent comme l'avenir de leur enfant sur l'autel de principes abstraits. À la puissance publique, donc, de prendre ses responsabilités.

1. Jean-Paul Delahaye, « Mixité sociale et scolaire dans le privé : relire la loi Debré de 1959 », billet de blog dans le Club de Mediapart, 22 mai 2023. Jean-Paul Delahaye a occupé le poste de directeur général de l'enseignement scolaire entre 2012 et 2014.

PARTIE III

FACE AU RISQUE DE SÉCESSION, VERS UN « RÉARMEMENT SCOLAIRE » ?

« La ségrégation sociale est une bombe à retardement pour la société française », alertait le Conseil national d'évaluation du système scolaire en 2015 : s'il était primordial de documenter le niveau de ségrégation dans le système éducatif, puis d'en appréhender les mécaniques, c'est que ce phénomène a des conséquences en chaîne pour l'institution scolaire, et par là même pour la société dans son ensemble.

Cela se traduit d'abord par des inégalités en termes de dotations. Les établissements où la difficulté scolaire et sociale est concentrée se voient affectés les enseignants les moins expérimentés, à l'issue d'une procédure qui semble pour beaucoup subie : les professeurs assignés aux collèges les plus défavorisés y restent moins longtemps que leurs collègues débutant leur carrière dans des collèges plus mixtes[1]. La proportion d'enseignants contractuels

1. Asma Benhenda, *Tous des bons profs*, Paris, Fayard, 2020.

y est également plus élevée. Le profil de l'équipe enseignante diffère donc radicalement selon la composition sociale de l'établissement scolaire.

Autre aspect : la littérature scientifique converge pour montrer que les « collèges ghettos » (par le bas) sont peu propices à la réussite scolaire — pour les élèves les moins bons scolairement, mieux vaut être dans un collège mixte[1]. L'inquiétude porte souvent sur les élèves les plus aptes scolairement : ne pâtissent-ils pas d'être dans une classe mixte ? Les résultats de la littérature ne vont globalement pas dans ce sens. Aux parents hésitants, on peut toutefois poser la question : mieux vaut-il que son enfant soit dernier de sa classe dans un établissement prestigieux ou bien en tête de classe dans un établissement plus mixte ? Des études montrent que l'estime scolaire des élèves est plus élevée dans le second cas.

Cela dit, une politique de mixité ne doit pas se mesurer seulement à l'aune de ses conséquences sur la réussite scolaire à court terme. À moyen et long termes, être dans un établissement plus mixte, c'est avoir une capacité de projection plus grande dans l'enseignement supérieur et le monde professionnel par la rencontre d'autres milieux sociaux. Deux recherches publiées dans la revue

1. Cette analyse repose en grande partie sur une revue de littérature que j'ai réalisée avec Pauline Charousset et Marion Monnet pour le Conseil d'évaluation de l'École : *Ségrégation sociale en milieu scolaire : appréhender ses causes et déterminer ses effets*, document de travail n° 23-02, novembre 2023.

scientifique *Nature* en 2022 insistent sur le rôle joué par les relations interpersonnelles nouées pendant la scolarité dans la mobilité sociale des individus[1]. De récentes études suggèrent que la fréquentation d'un environnement plus diversifié participe aussi du développement de compétences socio-comportementales – l'altruisme, par exemple –, dont une note du Conseil d'analyse économique rappelle justement l'importance dans le cadre de l'insertion professionnelle[2].

De manière plus générale, à l'heure où les discours sur la cohésion sociale et le repli communautariste font florès, se pose une question majeure : comment faire société lorsque la représentation qu'on en a est totalement biaisée par l'expérience vécue des institutions républicaines ? « L'absence de mixité sociale dans les écoles recouvre une autre réalité qui est l'absence de confrontation, apaisée dans le cadre scolaire, entre enfants porteurs de cultures et de visions du monde différentes », s'inquiétait Ianis Roder, directeur de l'Observatoire de l'éducation de la Fondation Jean-Jaurès et professeur dans un établissement relevant de l'éducation prioritaire[3]. Il ajoute : « Quand j'explique à mes

1. Raj Chetty *et al.*, « Social capital I: Measurement and associations with economic mobility » et « Social capital II: Determinants of economic connectedness », art. cités.

2. Yann Algan, Élise Huillery et Corinne Prost, « Confiance, coopération et autonomie : pour une école du XXIe siècle », note n° 48 du Conseil d'analyse économique, octobre 2018.

3. Interview dans l'hebdomadaire *Marianne* du 11 mars 2023.

élèves que les Français sont majoritairement non croyants, ils trouvent cela étrange et l'analysent au prisme du "eux" et "nous". » Des études soulignent précisément que la fréquentation d'un établissement plus mixte s'accompagne d'une réduction des préjugés envers les camarades issus de groupes sociodémographiques différents ainsi que d'une diversification du réseau amical.

Dans la foulée du constat d'« apartheid territorial, social, ethnique » dressé par le Premier ministre Valls en mars 2015, le ministère de l'Éducation nationale a engagé une série d'expérimentations visant à améliorer la mixité sociale et scolaire, en lien avec les acteurs locaux. Comme nous l'avons montré avec Julien Grenet et Élise Huillery, elles ont pour partie permis à des élèves destinés à fréquenter des établissements extrêmement ségrégués d'être scolarisés dans des collèges à la composition sociale beaucoup plus mixte[1]. Sur ce terrain miné de la lutte contre la ségrégation scolaire, il est donc possible de se frayer un chemin pour désamorcer la bombe.

1. Julien Grenet, Élise Huillery et Youssef Souidi, *Mixité sociale au collège : premiers résultats des expérimentations menées en France*, note n° 9 du Conseil scientifique de l'Éducation nationale, avril 2023.

Chapitre 1

Retrouver la confiance du public

Parmi les collèges très défavorisés, plusieurs types peuvent être distingués : ceux dont le vivier de recrutement ne comprend pas d'élèves socialement favorisés, du fait de leur emplacement ; ceux aussi dont l'homogénéité du public n'est pas le fait d'une absence de diversité sociale aux alentours, mais bien d'un évitement massif de la part des catégories les plus socialement favorisées. En d'autres termes, il s'agit de collèges qui, s'ils n'étaient pas évités, ne connaîtraient pas de problème de ségrégation sociale. Requalifier les établissements évités auprès des parents d'élèves afin d'aller par-delà les effets de réputation est alors de nature à améliorer leur mixité sociale.

De l'école au collège, ne pas perdre le public

La part d'élèves scolarisés dans un établissement privé sous contrat augmente tout au long de la scolarité. À la rentrée 2021, en classe de CP, 13,5 % des élèves sont scolarisés dans des établissements privés. Ce pourcentage s'élève à 14,8 % en classe de CM2 et à 22,2 % en classe de sixième[1]. Le palier de l'entrée au collège représente donc un moment particulier pour le choix du privé. L'objectif est alors de prévenir les comportements d'évitement en intervenant auprès des élèves et de leurs parents dès la classe de CM2, voire avant, étant donné la déperdition constatée tout au long de l'école primaire.

Les parents ne sont toutefois pas les seuls à convaincre: un travail de requalification auprès des équipes éducatives des écoles semble parfois essentiel. Elles constituent un intermédiaire majeur entre les potentiels futurs parents d'élèves d'un collège et l'équipe de ce même établissement. Or, sans considérer qu'il s'agisse d'une généralité, il arrive que ce soit le personnel de l'école même qui fournisse aux parents des conseils afin de contourner le collège de secteur. L'autrice d'un rapport d'information pour le Sénat s'estime ainsi « choquée de voir qu'au sein même de l'Éducation nationale, il est parfois fait l'apologie d'établissements privés ou de l'évitement de la carte scolaire, ce qui nuit directement en aval au travail réalisé par les équipes pédagogiques des établissements

1. Chiffres calculés à partir des données ouvertes sur les effectifs des élèves du ministère de l'Éducation nationale.

publics et à la qualité de leurs relations avec les parents d'élèves[1] ».

Dans un rapport consacré aux politiques de mixité sociale, le Conseil national d'évaluation du système scolaire cite par exemple le cas d'un collège d'une « ville moyenne de l'Est de la France » dont l'évitement a été fortement réduit, notamment à travers le renforcement du lien avec les écoles de son bassin de recrutement[2]. Il s'agissait de systématiser les visites de l'établissement de la part des élèves des écoles et de leurs enseignants, d'organiser des rencontres régulières avec les directeurs d'école et de faire intervenir au collège les professeurs des écoles. Au-delà de ses effets potentiels sur l'attractivité, une telle stratégie est de nature à adoucir la transition entre les classes de CM2 et de sixième pour les élèves.

Personnaliser les parcours pour faire (re)venir les familles

Cet effort de requalification de l'établissement auprès des parents peut également passer

1. Rapport d'information n° 617 (2011-2012) de Mme Françoise Cartron, fait au nom de la commission de la culture, de l'éducation et de la communication, déposé le 27 juin 2012.

2. Étienne Butzbach, *L'éclairage de terrain de certaines politiques de mixité sociale à l'école*, Conseil national d'évaluation du système scolaire, octobre 2018.

par l'instauration d'une offre scolaire considérée comme attractive : par exemple des sections bilangues ou des classes à horaires aménagés (musique, chant ou encore théâtre) en partenariat avec des institutions culturelles.

C'est une stratégie ancienne, remise au goût du jour par le ministère de l'Éducation nationale ces dernières années. En 2000 déjà, la ministre déléguée à l'enseignement scolaire Ségolène Royal initie une « politique volontariste de l'offre scolaire » dans les réseaux d'éducation prioritaire. Ce même levier semble être privilégié depuis la fin des années 2010. L'impulsion du ministre Ndiaye en faveur de la mixité sociale dans les collèges publics a ainsi largement reposé sur cet outil[1]. Plusieurs dizaines de sections internationales ont par exemple été ouvertes lors des rentrées scolaires 2022 et 2023, afin de renforcer l'attractivité d'établissements socialement défavorisés. Les objectifs ne sont toutefois pas toujours clarifiés : s'agit-il de faire revenir les élèves socialement favorisés du secteur ? D'attirer des familles qui résideraient dans d'autres secteurs de recrutement et qui pourraient rejoindre l'établissement en question via des dérogations ? Dans ce cas, n'y a-t-il pas un risque de fragiliser les établissements publics voisins ?

L'une des raisons qui peut expliquer la mise en avant de cette stratégie par le ministère de

1. Voir notamment la circulaire de rentrée 2022.

l'Éducation nationale est que cette compétence lui appartient exclusivement : il lui est donc plus facile de l'actionner. Elle ne fait toutefois pas l'unanimité. La sénatrice Cartron fait part de ses réserves dans son rapport : tout en reconnaissant que les établissements les plus défavorisés doivent eux aussi pouvoir bénéficier des options proposées dans d'autres établissements, elle juge que ces options « ne servent pas à entrer dans un collège ou lycée moins réputé, mais au contraire à en sortir ». Elle plaide pour homogénéiser l'offre d'options et de parcours spécifiques, afin d'éviter les logiques de concurrence entre établissements. Les moyens économisés pourraient alors servir à améliorer les conditions d'enseignement dans les collèges les plus socialement défavorisés.

En l'état actuel des choses, il est difficile de trancher ce débat. Les études manquent pour dresser un panorama exhaustif de l'efficacité de ces stratégies sur la ségrégation entre établissements et leur capacité à améliorer l'attractivité des établissements effectivement et durablement. Tout juste peut-on dire que la suppression d'une partie des sections bilangues à la rentrée 2016, dans le cadre de la réforme du collège, n'a pas modifié la composition sociale des établissements concernés[1].

1. Youssef Souidi, *Enrolling Apart Together: Extracurricular Courses, Class Assignment Practices, and Within-School Segregation in a Comprehensive School System*, document de travail, 2024.

Cependant, les établissements les plus socialement défavorisés ayant largement été épargnés par ces suppressions, on ne saurait généraliser ce constat.

Vers une ségrégation interne aux établissements?

« Regardez ce que vous avez fait l'année dernière, vous avez regroupé tous les bordels qui sortaient de cinquième pour surtout pas qu'on foute la merde dans les autres classes, et du coup il y a eu que des problèmes avec la quatrième SOP [...]. Votre idée, c'est de regrouper tous ces fous ensemble, c'est ça votre projet pour nous? » C'est le discours du personnage de Yanis, qui fréquente la classe sans option (SOP) de son collège, dans le film *La Vie scolaire*[1]. Il illustre le procès couramment fait à ces cours optionnels, celui d'alimenter la ségrégation entre classes d'un même établissement: le suivi de ces cours facultatifs est généralement marqué socialement et scolairement. Prendre en compte cette information dans la répartition des élèves entre les classes peut alors conduire à créer des classes de niveau.

S'il s'agit d'une idée bien ancrée, rares sont les études nationales sur le sujet. Afin d'avoir une idée plus précise de l'ampleur de ce phénomène, j'ai

1. Réalisé par Grand Corps Malade et Mehdi Idir, Mandarin & Compagnie, Kallouche Cinéma, 2019.

étudié dans le cadre de ma thèse les conséquences en la matière de la suppression partielle des sections bilangues. En comparant l'évolution de la ségrégation au sein de l'établissement entre les collèges qui ont perdu leur section bilangue à la suite de la réforme de 2016 et ceux qui n'en ont jamais eue, on constate effectivement que la perte de cette option s'est accompagnée de pratiques de constitution de classes moins ségrégatives[1] (voir figure 18). En moyenne, il semble donc bien que la présence d'options qui attirent de façon disproportionnée certaines catégories sociales favorise la ségrégation entre classes d'un même établissement[2].

Cependant, cette analyse souligne également que la suppression des sections bilangues a été particulièrement efficace pour limiter les situations de très forte ségrégation entre classes d'un même établissement. Or, cette situation ne concernait qu'une minorité de collèges. Au contraire, de nombreux principaux de collèges ne tenaient pas compte des choix d'options des élèves dans leur décision d'affectation aux différentes classes.

Une partie des options proposées par l'Éducation nationale ont un recrutement social biaisé :

1. Youssef Souidi, « Options attractives et ségrégation entre classes : quels effets de la suppression des sections bilangues et européennes à la rentrée 2016 ? », note n° 94, Institut des politiques publiques, septembre 2023.

2. Dans le cas des sections bilangues, à la rentrée 2015, les élèves socialement favorisés représentaient 42 % des élèves inscrits dans ces options, tandis qu'ils représentaient 34 % des élèves de sixième.

Figure 18 – Effets de la suppression des sections bilangues sur l'excès de ségrégation intra-établissement dans les classes de sixième

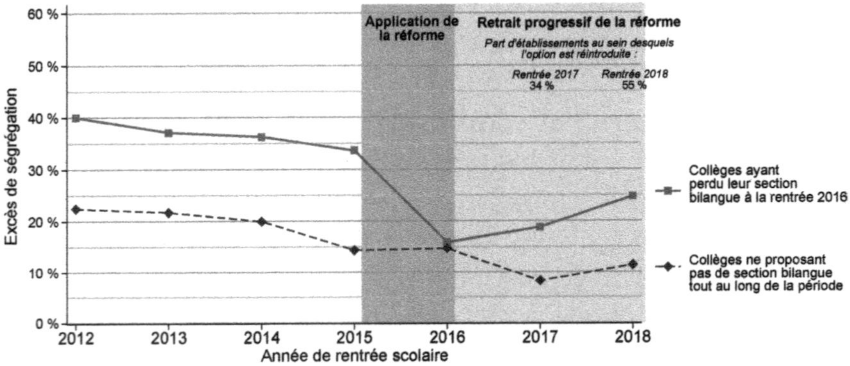

Note de lecture: À la rentrée 2015, dans les collèges ayant une section bilangue, l'excès de ségrégation intra-établissement, c'est-à-dire le niveau de ségrégation observé, par rapport à celui qu'on observerait si les élèves étaient répartis dans les classes par tirage au sort, s'élève à 34 %. Dans les collèges ne proposant pas de section bilangue, il s'établit en cette même année scolaire à 15 %. À la rentrée 2016, alors que les sections bilangues sont supprimées dans le premier groupe de collèges, l'excès de ségrégation diminue fortement en leur sein pour rejoindre le niveau observé dans le second groupe de collèges.

Sources: Calculs de l'auteur à partir des bases élèves du ministère de l'Éducation nationale.

Article de référence: Youssef Souidi, *Enrolling Apart Together: Extracurricular Courses, Class Assignment Practices, and Within-School Segregation in a Comprehensive School System*, document de travail, 2024.

elles ont tendance à attirer davantage les élèves issus de certains milieux sociaux. Ces résultats suggèrent que la ségrégation intra-établissement peut se trouver accentuée par ce type de dispositifs. Ce lien de cause à effet n'est pour autant pas systématique : la répartition des élèves entre les classes dépend *in fine* du chef d'établissement et il n'existe pas de règle stipulant qu'elle doive se faire en tenant compte du choix d'option des élèves. Au contraire, cette pratique est plutôt déconseillée par le ministère de l'Éducation nationale. Bien entendu, une multitude de contraintes pèse sur les principaux au moment de l'organisation des emplois du temps. En l'absence de vigilance particulière sur le niveau de ségrégation intra-établissement, il est alors probable d'aboutir à la constitution de classes déséquilibrées socialement.

On pourrait alors imaginer un outil informatique de sensibilisation à destination des chefs d'établissement. Il les alerterait en cas de différences de composition sociale trop marquées entre les classes, afin de les inciter à répartir plus équitablement les élèves. Cet outil serait d'autant plus pertinent que, indépendamment de la question des options, les collèges français se caractérisent par des classes à la composition sociale plutôt déséquilibrée.

Chapitre 2

Rebattre les cartes

Maintien, réforme ou suppression ? La carte scolaire, outil d'affectation des élèves, prend une place particulière dans les débats sur la ségrégation scolaire. Au-delà des slogans simplistes, il existe de nombreuses approches permettant de revoir la sectorisation des collèges. Envisager sa suppression ne peut se faire sérieusement sans dessiner une esquisse de ce qui pourrait la remplacer.

Créer des bassins de recrutement plus mixtes

À la rentrée 2017, la Ville de Paris a engagé une réforme ambitieuse de la carte scolaire du 17e arrondissement. Historiquement, ses contours épousaient ceux de la ségrégation résidentielle de telle sorte que des collèges proches se retrouvaient avec des bassins de recrutement socialement différenciés. Tirant profit de la construction d'un nouvel établissement, la Ville de Paris s'est alors employée à réviser la sectorisation de l'arrondissement afin de renforcer le brassage social des élèves.

À l'instar de cette initiative et grâce à des opérations de resectorisation, de nombreux établissements pourraient se voir doter d'un secteur de recrutement socialement plus mixte, sans que la distance entre le domicile et le collège de secteur des élèves en soit trop affectée: c'est d'ailleurs la solution la plus souvent mise en avant dans le débat public, lorsque la question de la ségrégation scolaire revient sur le devant de la scène.

Quelques années plus tard, la même collectivité locale a mis en œuvre une nouvelle sectorisation originale dans le 12e arrondissement de Paris: il s'agit cette fois d'une sectorisation discontinue, ou en «peau de léopard» (voir figure 19). L'idée est de regrouper dans un même secteur des quartiers à la sociologie différente, quand bien même ils ne seraient pas adjacents. Les grandes villes avec un réseau de transport en commun dense se prêtent particulièrement bien à ce type de mesures car elles permettent de maintenir un temps de trajet scolaire réduit. De fait, il n'existe pas de raison évidente stipulant qu'un secteur de recrutement doive être formé d'un seul bloc, autour du collège, comme dans la majeure partie des cas. Le sociologue Lorenzo Barrault-Stella plaide d'ailleurs pour que, en milieu urbain, la carte scolaire ne soit plus tracée selon un critère simplement géographique: il propose d'y inclure un critère social, quitte à généraliser ce principe de sectorisation discontinue[1]. Bien que cela conduise parfois les élèves à parcourir des trajets plus longs, « ce qui se perdrait

Figure 19 – Exemple de sectorisation discontinue (ou en « peau de léopard »).

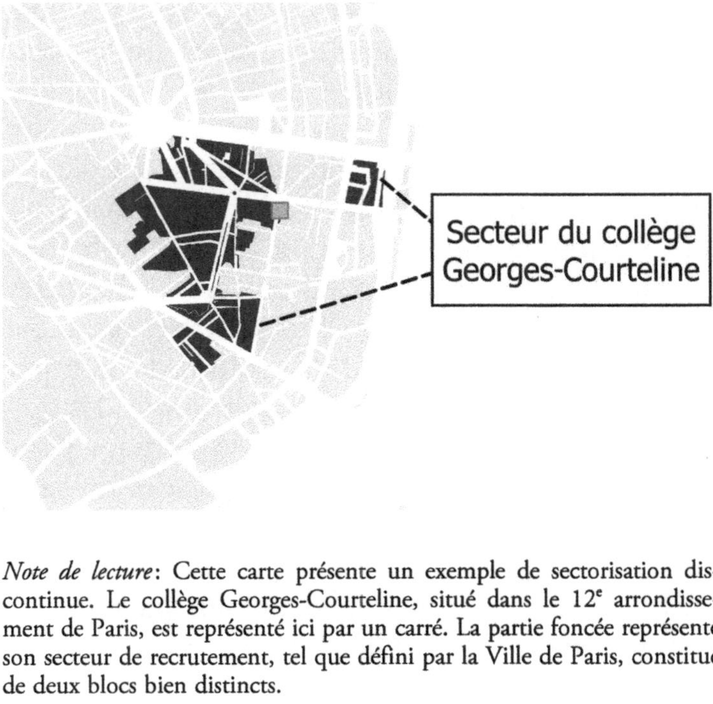

Note de lecture : Cette carte présente un exemple de sectorisation discontinue. Le collège Georges-Courteline, situé dans le 12e arrondissement de Paris, est représenté ici par un carré. La partie foncée représente son secteur de recrutement, tel que défini par la Ville de Paris, constitué de deux blocs bien distincts.

Source : Traitement de l'auteur à partir des données de la Direction des affaires scolaires de la Ville de Paris.

1. Lorenzo Barrault-Stella, « Que faire de la carte scolaire ? Pour une politique étatique d'égalisation des conditions d'accès à l'école », *Germinal*, vol. 5, nº 2, 2022, p. 286-299.

en proximité spatiale se gagnerait en diversité sociale». En Suisse, un outil a été développé en ce sens par une équipe de chercheurs afin de concilier les objectifs de proximité et de mixité sociale[1].

Bien entendu, de telles mesures se confrontent aux obstacles mentionnés plus haut: manque de moyens et de compétences techniques de la part des conseils départementaux, opposition d'une partie des acteurs éducatifs, pressions sur les responsables politiques locaux... À cet égard, une proposition récemment émise dans le débat public est de transférer la compétence de sectorisation aux autorités déconcentrées de l'Éducation nationale, comme cela se faisait avant la loi de décentralisation de 2004. Moins soumises aux calendriers électoraux et aux calculs politiques, ces instances auraient davantage de latitude pour tenir compte des critères de mixité sociale dans le dessin des secteurs de recrutement. Cela aurait également pour avantage de simplifier le mille-feuilles administratif en matière scolaire: les mêmes instances auraient alors en charge la sectorisation et les dérogations à cette dernière, au prix de décisions qui risquent alors de paraître plus éloignées du terrain.

1. Olivier Dlabac, Adina Amrhein et Fabienne Hug, «Mixité scolaire : Plus d'équité grâce à un zonage scolaire intelligent», rapport d'étude 17 du Centre d'études sur la démocratie Aarau, 2022.

Un jeu de dupes ?

À supposer que des modifications significatives de la carte scolaire soient mises en œuvre, reste un détail d'importance : les secteurs de recrutement ne prédisent qu'imparfaitement la composition sociale d'un établissement. À court terme, on peut les contourner ; à moyen terme, s'en extraire par un déménagement.

Afin d'avoir une idée plus précise de l'ampleur des comportements d'évitement de court terme, je me suis posé, dans le cadre de ma thèse, la question suivante : comment réagissent les parents d'élèves qui se trouvent confrontés à une modification de la carte scolaire l'année où leur enfant entre en sixième ? Autrement dit, quels comportements adoptent les familles qui, étant donné leur lieu d'habitation, devaient se voir attribuer une place dans un certain collège, mais qui, du fait d'une modification de la carte scolaire, voient leur enfant affecté à un autre collège ?

Cette analyse a été permise par l'accès aux données de l'Éducation nationale et la reconstitution de l'historique de sectorisation de plusieurs départements sur la période 2013-2019[1]. En comparant l'évolution des comportements d'évitement dans

1. Youssef Souidi, *School Assignment Policies, School Segregation, and Student Skills: Evidence From the French School System*, thèse de doctorat soutenue à l'EHESS, 2022.

des quartiers où la sectorisation a été modifiée à d'autres secteurs qui n'ont pas connu de modification, ce travail confirme, en précisant les ordres de grandeur, l'idée selon laquelle les familles les plus socialement favorisées sont très sensibles aux caractéristiques de l'établissement scolaire de secteur. Lorsque leur enfant entrant en sixième est affecté à un collège beaucoup plus socialement défavorisé que celui qui lui aurait été associé en l'absence de resectorisation, leur taux de respect de la sectorisation scolaire diminue fortement (il passe de 62 à 28 %)[1]. C'est le recours au secteur privé qui explique en grande partie ce moindre respect de la carte scolaire. Au contraire, lorsque le nouveau collège de secteur est beaucoup plus socialement favorisé, le taux de respect de la carte scolaire augmente de manière sensible (de 25 % à 47 %)[2]. Dans ce cas, le recours au secteur privé diminue fortement.

On relève même des comportements d'anticipation puisque le type d'établissement fréquenté en CM2 (public ou privé) est également affecté par les modifications de la carte scolaire au collège. En

1. On parle ici d'opération de resectorisation où la différence dans la part d'élèves socialement favorisés entre le précédent et le nouveau collège de secteur s'élève à plus de 15 points de pourcentage. Cela correspond en moyenne à une réduction de 27 points de pourcentage dans la part d'élèves socialement favorisés

2. On parle ici d'une réduction de 29 points de pourcentage dans la part d'élèves socialement défavorisés, entre le précédent et le nouveau collège de secteur.

déplaçant le curseur sur les familles socialement défavorisées, on observe des réactions comportementales aux changements de la sectorisation scolaire, mais de bien moindre ampleur que pour les familles socialement favorisées. Les conclusions de cette étude rejoignent celles de l'économiste Béatrice Boutchenik qui, à l'aide de données similaires, s'est intéressée spécifiquement à l'académie de Paris[1].

Les stratégies de resectorisation sont-elles donc nécessairement vouées à l'échec ? Il convient de nuancer ce constat fataliste. D'abord, la focale est ici portée sur des modifications qui ont lieu dans des milieux urbains, avec une présence importante du secteur privé sous contrat. Ces résultats ne sont pas forcément valides pour des territoires où de telles possibilités d'évitement sont limitées. Par ailleurs, si le constat général peut conduire au pessimisme quant à la capacité des pouvoirs publics à agir sur la ségrégation sociale, un résultat en particulier peut laisser place, au contraire, à l'optimisme : affecter des élèves socialement défavorisés – moins sujets au contournement scolaire – à un collège socialement favorisé leur permet de faire l'expérience de l'altérité sociale.

1. Béatrice Boutchénik, *Des effets de pairs à l'évitement scolaire : mécanismes constitutifs de la ségrégation sociale à l'école*, thèse de doctorat, Université Paris Sciences et Lettres, 2020.

Fermer les ghettos scolaires

Partant de ce dernier constat, une autre piste s'esquisse pour favoriser la mixité sociale: la fermeture des établissements dont la réputation est fortement dégradée, ceux dont il est compliqué, étant donné leur quartier d'implantation, de diversifier le bassin de recrutement, et dont les frontières sont matérialisées par un bâti typique de ce que la conscience collective assimile aux *banlieues*. En d'autres termes, des établissements dont les caractéristiques sont trop marquées pour que des catégories sociales favorisées acceptent en nombre d'y mettre leur enfant.

Une fois l'établissement fermé, où scolariser les élèves qui auraient dû le fréquenter? L'idée est de les répartir dans plusieurs collèges au profil social bien plus favorisé. Autrement dit, d'aboutir à un équilibre subtil: d'une part, il s'agit d'améliorer la mixité d'établissements au profil social élevé par l'accueil des élèves – généralement d'origine modeste – du collège fermé; d'autre part, on s'assure qu'à l'échelle de ces collèges hôtes, cette nouvelle population ne soit pas trop nombreuse afin d'éviter de les déstabiliser – et de susciter l'opposition de leur communauté éducative.

Ainsi que nous l'avons vu, les réactions comportementales aux modifications de la carte scolaire des familles les plus socialement défavorisées sont limitées. De telles modalités d'affectation conduisent alors les élèves du collège fermé à fréquenter un établissement au public beaucoup plus diversifié.

L'expérience la plus emblématique en la matière est celle déployée par le conseil départemental de Haute-Garonne dans la métropole toulousaine : aux rentrées 2017 et 2019, deux collèges très défavorisés ont été progressivement fermés, les élèves inscrits dans les écoles qui dépendaient de ces établissements ayant été affectés à des collèges au recrutement social favorisé[1]. Si cette expérience a été particulièrement médiatisée et a pu bénéficier d'un accompagnement scientifique, des dispositifs similaires, moins étudiés, ont pu être mis en place dans le département de l'Eure ou dans la ville de Nîmes.

Bien entendu, un tel bouleversement du quotidien des familles suscite quelques interrogations. Tout en considérant que l'objectif de mixité sociale est louable, une partie des opposants à cette mesure ont plusieurs arguments à faire valoir : la scolarisation des enfants dans des établissements éloignés du domicile complexifie les relations entre les parents et l'équipe éducative. En ajoutant une distance spatiale à la distance symbolique qui sépare déjà les familles les moins favorisées socialement de l'institution scolaire, ce type de projets est de nature à affaiblir leur implication dans la vie

1. Choukri Ben Ayed et Étienne Butzbach, « Un dispositif inédit de lutte contre les ségrégations scolaires : le cas de Toulouse », *Urbanités*, n° 16, 2022.

du collège et de réduire les occasions de rencontre avec les équipes enseignantes. On fait alors reposer sur les enfants des temps de trajet bien plus longs que ceux qu'ils auraient connus s'ils étaient scolarisés comme autrefois, au pied de leur immeuble. À cela s'ajoute le tableau peu flatteur qui est fait de ces établissements et de la population qui les occupe. Les acteurs éducatifs concourant au fonctionnement des collèges peuvent alors se sentir mis à l'index et leurs élèves stigmatisés.

Il est à ce titre remarquable qu'au moment de la fermeture des collèges, la contestation a été vive du côté des familles les plus socialement défavorisées qui voyaient en ces établissements un service public de proximité – aussi défaillant puisse-t-il être considéré – fermer. D'après Étienne Butzbach, auteur de plusieurs rapports sur les politiques de mixité et qui a participé à l'accompagnement scientifique du projet toulousain, seule une fraction des parents d'élèves du collège fermé s'est montrée opposée de bout en bout à ce projet. Outre celles déjà évoquées, il explique les raisons de cette réticence résolue par les « réelles tentations du repli sur soi qui peuvent être constatées dans ces quartiers malmenés par la crise sociale et urbaine[1] ». Autrement dit, la préférence pour un

1. Étienne Butzbach, *L'éclairage de terrain de certaines politiques de mixité sociale à l'école*, Conseil national d'évaluation du système scolaire, 2018.

entre-soi perçu comme protecteur n'est pas forcément l'apanage des plus favorisés.

Ce sont finalement les prémisses même de ces mesures qui peuvent interroger : pourquoi serait-ce aux familles les plus démunies de payer de leur temps la ségrégation ayant cours dans le système scolaire ? De fait, lorsqu'on évoque les collèges ghettos, on entend « ceux qui sont ségrégués par le bas ». On pourrait alors naïvement se poser la question suivante : une solution alternative ne consisterait-elle pas à fermer les collèges les plus socialement favorisés ? Par exemple, les élèves du collège public Victor Duruy, l'un des établissements publics les plus favorisés de France, situé dans le 7e arrondissement de Paris près des Invalides, prendraient alors la ligne 13 du métro afin de permettre aux collèges du 18e arrondissement, situés à une quinzaine minutes, de voir leur mixité sociale s'accroître. Du fait du pouvoir de négociation auprès des autorités décisionnaires des familles les plus socialement favorisées, ainsi que de leur capacité à s'extraire de l'emprise de la carte scolaire, tout porte à croire qu'une telle tentative a peu de chances de voir le jour.

Enfin, l'existence de collèges ghettos renvoie également aux décisions de localisation des établissements scolaires prises par les conseils départementaux. Il est indispensable qu'une réflexion sur le site d'implantation accompagne les projets de création de nouveaux collèges : en les construisant au milieu de quartiers défavorisés, il est par nature difficile de diversifier leur recrutement social. Le département de la Haute-Garonne ne s'y est pas trompé en prenant la décision de transférer une partie des élèves de collèges socialement défavorisés vers des établissements plus favorisés de la métropole toulousaine : il s'agissait en réalité d'une solution transitoire, en attendant l'ouverture d'un nouveau collège situé à la lisière de quartiers socialement contrastés.

Une adresse, plusieurs collèges de secteur

Sans faire parcourir de longues distances aux élèves, des expérimentations ont été mises en œuvre pour, en quelque sorte, jumeler deux établissements à la composition sociale éloignée en dépit de leur proximité géographique. Plus précisément, il s'agit de fusionner le secteur de recrutement de deux collèges, distincts socialement bien que proches géographiquement, pour créer des *secteurs multicollèges*[1]. Cela permet au couple d'établissements de partager un même bassin de recrutement plus étendu, et donc potentiellement plus diversifié. Il s'agit d'une entorse au principe de la

1. Il est ici question des secteurs multicollèges comprenant deux collèges, mais il est envisageable d'étendre ce principe à plus de deux établissements.

carte scolaire selon lequel une adresse correspond à un collège : une fois les secteurs de deux collèges fusionnés, une adresse correspond à chacun de ces établissements[1]. Il faut alors décider de la manière dont les élèves seront répartis entre ces deux établissements.

Dans le 18e arrondissement de Paris, c'est le principe de la « montée alternée » qui a été retenu pour organiser l'affectation au sein d'une paire d'établissements : le collège de secteur alterne d'une année sur l'autre. Autrement dit, les années impaires, l'ensemble des élèves entrant en sixième effectuent leur rentrée dans l'un des deux collèges et y restent jusqu'à la troisième. Les années paires, c'est dans l'autre collège que les élèves font leur entrée en sixième[2]. Dans ce cas précis, le double secteur réunissait à partir de la rentrée 2017 les collèges Berlioz – dont la part d'élèves socialement favorisés s'élevait à 14 % avant la mise en place de cette action – et Coysevox – où cette part atteignait 54 %. Des environnements sociaux radicalement différents, pour des collèges distants de

1. Les modalités de cette mesure ont été précisées par un décret daté du 5 juillet 2014 et une circulaire datée du 7 janvier 2015.

2. Si bien que chacun des deux collèges ne scolarise que deux niveaux scolaires : les années paires, un collège scolarise les élèves de sixième et de quatrième et l'autre collège les élèves de cinquième et de troisième. Les années impaires, la configuration est inversée. L'une des limites de cette démarche réside dans cette réorganisation pédagogique. Par exemple, les professeurs n'enseignent plus qu'à deux niveaux au lieu de quatre, ce qui peut engendrer des frustrations.

seulement quelques centaines de mètres. En partenariat avec la Ville et l'académie de Paris, nous avons étudié, avec Julien Grenet, les évolutions de la composition sociale de ces deux collèges lors des trois années scolaires consécutives à la fusion des secteurs de recrutement[1]. Notre conclusion principale est que cette expérimentation a bien permis d'accroître la mixité sociale. Les années où l'ensemble des élèves étaient réunis au collège Coysevox – celui des deux qui a la meilleure réputation –, la part d'élèves favorisés parmi les élèves de sixième s'est élevée de 47 % à 49 %. D'aucuns pourraient regretter que cette proportion ait diminué par rapport à la situation antérieure, mais c'est bien là l'objectif d'une politique de mixité sociale : tendre vers une représentation plus fidèle des différentes catégories sociales.

L'année où les élèves étaient affectés au collège Berlioz, initialement le plus défavorisé des deux, la part d'élèves socialement favorisés a atteint les 34 %. C'est une proportion plus faible que celle constatée dans le collège Coysevox – qui partage pourtant le même secteur de recrutement – et qui illustre les effets de réputation persistants. Cette différence s'explique en grande partie par les évolutions des comportements d'évitement vers le

1. Julien Grenet et Youssef Souidi, *Renforcer la mixité sociale au collège : une évaluation des secteurs multi-collèges à Paris*, rapport n° 31, Institut des politiques publiques, février 2021.

secteur privé : les années où les élèves sont affectés au collège Coysevox, l'évitement à l'échelle du double secteur est inférieur à celui constaté avant sa mise en place. À l'inverse, le phénomène augmente les années où les élèves de sixième sont affectés au collège Berlioz.

Peut-on alors parler d'un échec ? En prenant pour point de comparaison la composition sociale qui prévalait au collège Berlioz avant la mise en place du double secteur, il est indéniable que l'opération de déghettoïsation de ce collège a bien fonctionné.

Une fois les secteurs de deux collèges fusionnés, la montée alternée n'est pas l'unique manière d'affecter les élèves par collèges. Une modalité qui peut également être mise en œuvre est de spécialiser un collège sur l'accueil des sixième et cinquième, et l'autre sur l'accueil des quatrième et troisième, par exemple. Là encore, l'organisation pédagogique des établissements se trouve bouleversée.

Pour éviter cette contrainte, une autre méthode d'affectation des élèves est d'avoir recours à une procédure dite de « choix scolaire régulé ». Cela consiste à demander aux parents d'élèves de CM2 du double secteur de faire part de leur préférence entre les deux collèges. L'autorité scolaire tente ensuite de satisfaire au mieux ces préférences en tenant compte de critères de mixité sociale, mais aussi éventuellement d'autres critères (handicap, fratrie, etc.) à l'aide d'un algorithme. L'objectif général est que la composition sociale des élèves affectés à chacun des collèges du double secteur soit à l'image de l'ensemble des élèves qui y résident.

C'est ce principe de choix scolaire régulé qui a été appliqué à deux paires de collèges parisiens à la rentrée 2017. Tout comme l'expérimentation de montée alternée, nous avons pu en analyser les résultats en termes de mixité sociale. Nous montrons qu'ils ont été encourageants, mais moins spectaculaires que pour la montée alternée. L'un des freins constatés est l'absence de données fiables sur l'origine sociale des élèves à la fin de leur cursus élémentaire. Les catégories socioprofessionnelles, bien renseignées dans le second degré, le sont largement moins dans le premier degré. Il était alors question d'utiliser le quotient familial, que les parents devaient communiquer au moment d'exprimer leur préférence entre les deux collèges. Or, beaucoup ne l'ont pas fait, complexifiant le respect du principe de mixité sociale au moment de l'affectation des élèves.

Si cet élément a pu être bloquant, il est loin d'être insurmontable : un meilleur partage de l'information entre les services des différentes administrations publiques serait de nature à lever ce frein – les données fiscales des responsables légaux pourraient par exemple être transmises à l'Éducation nationale. Par ailleurs, une partie des familles s'était déjà assuré une inscription dans le secteur privé sans que les autorités chargées de l'affectation le sachent nécessairement : lorsque leur enfant a été affecté au collège qui leur paraissait le moins attractif, ces familles ont préféré user de cette carte joker.

Abattre la carte scolaire ?

Une idée parfois émise dans le débat public est d'avoir recours à une suppression pure et simple de la carte scolaire. Ses promoteurs sont en revanche moins précis quand il s'agit de décrire plus précisément la manière dont seraient alors répartis les élèves entre les établissements. Les capacités d'accueil des collèges sont par nature limitées. Si le nombre d'élèves souhaitant s'inscrire dans un établissement est supérieur au nombre de places disponibles, comment départager les candidats ? Selon un principe du « premier arrivé, premier servi » qui ne manquerait pas de créer d'énormes files d'attente ? Selon les résultats scolaires des élèves, avec pour conséquence l'établissement d'une hiérarchie assumée entre collèges ? Par un tirage au sort qui désignerait les heureux élus ?

Cette politique du libre choix de l'école au sein du secteur public a été mise en œuvre dans certains systèmes scolaires. En Angleterre, par exemple, les familles sont invitées à soumettre leurs préférences pour les établissements de leur district (*Local Authority*) dès l'école primaire. Tant qu'il reste des places vacantes, les établissements scolaires ne peuvent pas refuser les élèves candidats à l'inscription. En revanche, dès lors que le nombre de candidats dépasse les capacités d'accueil de l'établissement, les candidatures sont classées à partir d'une liste de critères définie nationalement, libre à chaque structure de choisir dans cette liste lesquels elle souhaite privilégier.

Des chercheurs se sont alors intéressés à la manière dont sont effectivement sélectionnés les élèves dans les établissements secondaires anglais à la rentrée 2020[1]. Leur résultat est frappant: le critère de proximité géographique est celui qui est principalement utilisé. Autrement dit, en théorie, il n'existe pas de carte scolaire en Angleterre, une adresse correspondant à l'ensemble des collèges du district. En pratique, toutefois, cela y ressemble furieusement: la meilleure manière de voir son enfant affecté au collège souhaité est de résider à proximité.

On ne peut donc se contenter de réclamer la suppression de la carte scolaire. Il faut également préciser ce qui la remplacerait. En France, les réformes successives de l'affectation aux lycées généraux et technologiques dans l'académie de Paris mettent en lumière la possibilité de donner

1. Simon Burgess, Estelle Cantillon, Mariagrazia Cavallo, Ellen Greaves et Min Zhang, *School Admissions in England: The Rules Schools Choose on Which Pupils to Admit*, ULB Institutional Repository, Université Libre de Bruxelles, 2023.

un certain choix aux familles, tout en réduisant la ségrégation dans le système scolaire. Pour résumer à grands traits la dernière réforme mise en place à la rentrée 2021, les parents d'élèves de troisième ont la possibilité d'exprimer leurs préférences entre cinq lycées qui dépendent de l'adresse de l'élève[1]. Les priorités des élèves pour l'admission dans chacun des lycées dépendent des résultats scolaires obtenus lors de l'année de troisième, mais aussi de leur statut de boursier et de la composition sociale de leur collège. Autrement dit, faire partie d'un ménage aux revenus modestes apporte un bonus de nature à renforcer la mixité sociale dans les lycées parisiens. Avoir fait sa scolarité dans un collège socialement défavorisé ou mixte apporte lui aussi un bonus supplémentaire, que l'élève soit d'origine modeste ou aisée. Cet avantage est susceptible de faire évoluer les stratégies familiales en amont de l'entrée au lycée : avoir son enfant scolarisé dans un collège socialement mixte, c'est lui assurer plus de chances de faire sa scolarité dans le lycée souhaité.

Les effets de cette réforme ont été analysés par Pauline Charousset et Julien Grenet[2]. Ils soulignent la capacité de cette réforme, non seulement à réduire les écarts de composition sociale,

1. Ils peuvent en réalité également candidater aux autres lycées parisiens, mais leur chance d'y accéder est faible.

2. Pauline Charousset et Julien Grenet, « La réforme d'Affelnet-lycée à Paris : une mixité sociale et scolaire en forte progression dans les lycées publics », note n° 88, Institut des politiques publiques, février 2023.

mais aussi les écarts de niveau de compétences à l'entrée en seconde générale et technologique entre les lycées publics de la capitale. À court terme, ils ne constatent pas de fuite vers le secteur privé qui serait engendrée par cette réforme. Ils relèvent néanmoins que la non-inclusion des lycées privés sous contrat dans cette procédure constitue un frein important à la baisse de la ségrégation sociale et académique dans les lycées de la capitale.

De manière générale, il n'existe donc pas de liberté de choix absolue pour les familles. Les établissements ayant des capacités d'accueil limitées, il faut nécessairement établir des critères de priorité pour les plus demandés. La manière d'organiser l'affectation en l'absence de carte scolaire est redoutablement complexe et le choix d'un critère de priorité plutôt que d'un autre, d'un algorithme d'affectation plutôt que d'un autre, entraîne des conséquences importantes à la fois pour ce qui est de la satisfaction des préférences familiales, mais aussi sur le niveau de ségrégation du système scolaire[1].

---

1. Pour approfondir les questions relatives à l'organisation de l'affectation en l'absence de carte scolaire, voir notamment : Estelle Cantillon, « Réguler les inscriptions scolaires à Bruxelles », *Brussels Studies*, Collection générale, n° 30, 2009 ; Victor Hiller et Olivier Tercieux, « Choix d'écoles en France. Une évaluation de la procédure Affelnet », *Revue économique*, Presses de Sciences Po, mars 2024 ; Julien Grenet, « La transparence et l'obstacle : Principes et enjeux des algorithmes d'appariement scolaire », *in* Melchior Simioni et Philippe Steiner (dir.), *Comment ça matche ? Une sociologie de l'appariement*, Presses de Sciences Po, coll. « Gouvernances », 2022 ; Julien Grenet, « Les algorithmes d'affectation dans le système éducatif français », *in* Melchior Simioni et Philippe Steiner, *Comment ça matche ?*, *op. cit.*

Une telle réforme ne peut alors s'envisager qu'à moyen terme. À court terme, il est en revanche difficile de faire l'économie d'une réflexion sur les outils de refonte de la carte scolaire. Et sur un obstacle majeur à leur efficacité : l'existence d'établissements qui s'en affranchissent totalement.

Chapitre 3

Adapter l'enseignement privé aux réalités de l'époque : des pistes pour un *aggiornamento*

Peut-on se contenter d'une action isolée sur les établissements publics ? Une limite qui se dégage des solutions présentées jusque-là est la carte maîtresse dont disposent une partie des familles : la scolarisation dans le secteur privé sous contrat. Plutôt que compter sur les parents d'élèves pour laisser cet atout dans leur manche, la puissance publique pourrait s'atteler à réécrire les règles du jeu.

Un préalable : davantage de transparence

Pour égaliser les conditions d'accès aux établissements privés, une plus grande transparence de leur part semble essentielle[1]. Ainsi que nous l'avons vu,

1. Bien que l'on se focalise ici sur les établissements privés sous contrat, notons que la question de la transparence se pose aussi dans le cadre des dérogations au sein du secteur public.

les informations pertinentes pour les familles sont disséminées sur les sites des établissements et présentés de manière disparate. La proposition issue du protocole d'accord signé par le ministère de l'Éducation nationale et le secrétariat général de l'Enseignement catholique, de construire et de mettre à disposition du public une « base d'informations partagée », semble alors bienvenue. Plus précisément, l'accord, voulu par le ministre Ndiaye en vue de faire contribuer le secteur privé sous contrat à l'effort de mixité sociale, prévoit que soit créé un outil présentant notamment les informations suivantes : montant des contributions demandées aux familles, modalités de variation de cette contribution, tarifs de la restauration scolaire, subventions à caractère social versées par les collectivités territoriales, et pourcentage d'élèves boursiers accueillis dans l'établissement.

L'horizon temporel dans lequel un tel outil serait mis en place n'est toutefois pas précisé. On peut également regretter que l'effort de transparence et d'accessibilité ne soit pas plus grand encore. Par exemple en imaginant une sorte de Parcoursup de l'enseignement scolaire privé : l'ensemble des établissements d'enseignement privé seraient listés sur cette plateforme, avec les informations précitées, mais aussi le nombre de places et des statistiques sur les admissions lors des années précédentes. Les candidats devraient passer par cette plateforme pour soumettre leur dossier aux établissements privés. Un calendrier d'inscription national serait alors instauré, tandis qu'à l'heure actuelle, les échéances propres à chaque établissement donnent un temps d'avance aux mieux informés. Une telle plateforme n'entraverait en rien la liberté de l'enseignement scolaire privé de sélectionner ses élèves. Elle aurait néanmoins pour avantage d'égaliser quelque peu les conditions d'accès aux établissements privés.

Au-delà de ces principes généraux, plusieurs questions restent à trancher, car elles pourraient cette fois contrevenir à la liberté de recrutement des élèves dont bénéficie l'enseignement privé sous contrat : les établissements doivent-ils indiquer leurs principaux critères de recrutement ? Sont-ils autorisés à exiger des entretiens dont on sait qu'ils sont de nature à pénaliser les familles les plus socialement défavorisées ? La discussion d'une telle plateforme aurait le mérite de mettre sur la place publique les nombreuses questions concernant les modalités de sélection des élèves dans les établissements privés et d'obliger chacun à se positionner. En définitive, cela permettrait d'actualiser la définition de la manière dont doit fonctionner l'enseignement privé sous contrat au XXIe siècle.

Enfin, une limite importante sur laquelle bute toute discussion sur l'enseignement privé est le manque de transparence sur les modalités d'admission et d'inscription dans le secteur privé. Les informations tirées de cette plateforme permettraient alors de disposer de données extrêmement utiles pour mieux informer le débat public : combien de candidatures reçoit chaque établissement privé ? Quelles sont les caractéristiques sociodémographiques des demandeurs ? Existe-t-il une différence importante entre les caractéristiques des demandeurs et celles des admis ? Ces questions, cruciales pour une meilleure compréhension du système éducatif et son pilotage, ont à ce jour reçu des réponses qui ne sont que très partielles.

Intégrer un objectif de mixité sociale dans le financement des établissements privés

La spécificité du secteur privé sous contrat français est de bénéficier à la fois d'un large financement des pouvoirs publics et de l'autonomie de recrutement de ses élèves. Une manière d'inciter – sans contraindre – l'enseignement privé sous contrat à accueillir une population socialement plus mixte est alors de moduler les subventions eu égard à cet objectif. C'est le sens d'une proposition de loi déposée par le sénateur (PCF) Pierre Ouzoulias et dont la discussion est prévue au printemps 2024.

Un premier pas dans cette direction a été fait par le département de la Haute-Garonne en janvier 2019. Le principe général consiste à fixer pour chaque établissement (public comme privé) une part d'élèves socialement défavorisés qui constitue une cible à atteindre, en fonction de la part constatée dans le département mais aussi dans le secteur de recrutement. Les collèges qui se trouvent au-dessus de la cible se voient attribuer un bonus tandis que ceux qui s'en éloignent se trouvent pénalisés financièrement[1]. La Ville de Paris a également mis en place un dispositif similaire pour ses collèges publics et privés par la suite.

Cependant, du fait de leur obligation de financer les établissements privés sous contrat, les conseils départementaux sont extrêmement contraints pour ce qui est des montants qu'ils allouent à ces collèges. La modulation des financements porte alors sur leur faible marge d'autonomie en la matière : dans le cas haut-garonnais, les collèges qui se voient attribuer un bonus bénéficient de 70 euros par élève, tandis que cette somme s'élève à 22 euros pour ceux qui sont pénalisés par un malus. Rapportés aux près de 9 000 euros que coûte annuellement un collégien, tout porte à croire que ce dispositif concerne une part trop faible du financement des établissements pour être suffisamment incitatif[2].

1. Marine Calazel et Iannis Roder, « La mixité sociale dans les collèges pour favoriser la réussite de tous les élèves : le plan réussi de la Haute-Garonne », Fondation Jean-Jaurès, 9 janvier 2023.

2. Ministère de l'Éducation nationale, *Repères et références statistiques 2023*.

Des appels à étendre ce principe au niveau national se sont récemment fait entendre. En 2012 déjà, la sénatrice Cartron suggérait que les dotations de l'État aux établissements privés se fassent en fonction du principe de mixité sociale. La Cour des comptes a récemment abondé dans le même sens.

Les impulsions locales menées dans cette perspective soulignent toutefois la complexité d'une telle mesure. D'abord, sur le calcul de la cible : quel indicateur utiliser ? L'indice de position sociale ? Le taux de boursiers ? Ensuite, sur ses déclinaisons, car il serait illusoire de fixer une même cible de mixité sociale pour l'ensemble des établissements scolaires : quoi de commun entre le collège privé Stanislas dans le 6e arrondissement et son homologue Saint-Joseph de Rouffach, commune rurale située en Alsace ? Peut-on atteindre le même degré de mixité sociale dans le collège Les Charmilles qui se trouve à proximité d'un quartier défavorisé de la ville de Grenoble et dans l'établissement Don Bosco, situé à la périphérie de la ville ? Une multitude d'autres exemples ne manquerait pas d'être avancée par les opposants à une telle mesure.

Faut-il pour autant reculer devant cette complexité ? Au contraire, ces réflexions sont de nature à préciser le rôle que doit jouer l'enseignement privé sous contrat dans la contribution à l'objectif de mixité sociale que promeut le ministère de l'Éducation nationale. On pourrait par exemple imaginer qu'une cible de mixité sociale soit instaurée pour chaque établissement à partir de la constitution de secteurs de recrutement de référence pour les collèges privés. Ceux-ci permettraient d'estimer la composition sociale attendue dans l'établissement étant donnée son implantation géographique. Une autre piste consiste à comparer, pour chaque établissement, la composition sociale des admis avec celle des candidats à l'inscription : en cas de différence trop forte entre ces deux valeurs, une pénalité financière serait imposée. Dans cette perspective, une meilleure connaissance des caractéristiques des candidats à l'inscription pour chaque établissement est cruciale.

En présence de quotas, il est néanmoins à craindre que les établissements s'arrogent, parmi les élèves les plus modestes, ceux avec le meilleur niveau scolaire : une telle pratique serait de nature à affaiblir les établissements publics. Des critères portant sur le niveau scolaire peuvent cependant être introduits. En particulier, des évaluations nationales ont récemment été mises en place pour les élèves de CM1. De ce fait, pour chaque élève entrant en sixième, l'Éducation nationale dispose d'indicateurs sur son niveau scolaire. Ces données pourraient être mises à profit pour garantir une diversité sociale, mais aussi scolaire, au sein des établissements privés. Seule une discussion approfondie où les différents acteurs présenteraient les avantages et inconvénients de chaque mode de calcul des cibles serait ensuite de nature à trancher ce débat.

Une telle politique a-t-elle de réelles chances de drastiquement modifier la composition sociale des établissements privés? Cela dépend notamment de l'intensité de la modulation et de la manière de calculer les cibles en question. Les politiques menées à l'étranger permettent là encore d'y voir plus clair.

En Angleterre, comme mentionné plus haut, les établissements publics peuvent classer les élèves candidats à l'admission selon une liste de différents critères élaborés au niveau national (proximité du domicile, besoins scolaires particuliers, etc.)[1]. Ils sont libres de sélectionner parmi ces critères ceux qu'ils souhaitent privilégier. En particulier, les établissements ont la possibilité d'attribuer, pour un nombre de places de leur choix, une priorité aux élèves socialement défavorisés. L'accueil de ces élèves permet aux établissements de bénéficier de dotations supplémentaires de la part de la puissance publique, afin d'améliorer leur prise en charge. Leur montant apparaît non négligeable eu égard aux financements de droit commun. Pourtant, seuls 5 % des établissements ont mis en avant ce critère d'admission. Cette statistique a surpris les chercheurs qui y voient une crainte des chefs d'établissements: la promotion de ce critère serait de nature à leur faire perdre leur attractivité

1. Simon Burgess, Estelle Cantillon, Mariagrazia Cavallo, Ellen Greaves et Min Zhang, *School Admissions in England*, *op. cit.*

auprès des familles plus favorisées qui constituent leur clientèle privilégiée.

L'élaboration de telles mesures doit bien entendu se faire dans la concertation. Ce résultat suggère cependant que mettre en place une modulation trop faible, ou plus largement qu'instaurer des dispositifs qui reposent uniquement sur l'incitation, n'est pas de nature à significativement améliorer la mixité sociale dans les établissements scolaires. En fonction du caractère plus ou moins coercitif de ces mesures, on peut s'attendre à des résultats plus ou moins importants en termes de réduction de la ségrégation sociale. Si elles manquaient à leur objectif de faire contribuer l'enseignement privé sous contrat, ces dispositions dégageraient toutefois des marges de manœuvre financière qui pourraient être investies dans les établissements publics où le défaut de mixité sociale est le plus criant. Rappelons ainsi que les financements publics aux collèges et lycées privés sous contrat représentaient 7 milliards d'euros en 2021[1].

Enfin, une méthode plus radicale encore consisterait à revenir totalement sur le dualisme qui caractérise le système scolaire français : en absorbant les collèges privés sous contrat au sein du secteur public, ces établissements disposeraient alors de leur propre secteur de recrutement et seraient

1. Ministère de l'Éducation nationale, *Repères et références statistiques 2023*.

soumis aux contraintes de la carte scolaire. Outre qu'une telle réforme semble difficilement concevable dans le contexte actuel, elle soulève des enjeux sur l'organisation du système scolaire qui dépassent de loin la question de la ségrégation scolaire – et de manière plus générale l'ambition de ce livre.

***

Plusieurs leviers, dont la pertinence s'apprécie au regard des configurations locales, permettent donc d'agir sur la mixité sociale des établissements scolaire. Chacune des stratégies présentées s'accompagne par ailleurs de points de vigilance dont il est nécessaire de tenir compte afin de s'assurer de leur efficacité. Un frein majeur réside dans l'autonomie dont bénéficient les établissements privés sous contrat au regard du recrutement et de la sélection de leurs élèves ; réduire de manière significative la ségrégation dans le système scolaire ne peut dès lors se faire sans une réflexion approfondie sur les modalités de fonctionnement de l'enseignement privé sous contrat. Et, d'un point de vue plus systémique, sur sa contribution aux objectifs que se donne le service public d'éducation.

Perspectives

Des collèges au profil social différent situés à quelques centaines de mètres l'un de l'autre; des adolescents qui – tout en résidant au même endroit – empruntent des chemins différents quand il s'agit de se rendre en cours; des établissements privés à la composition sociale de plus en plus favorisée: là où le tissu urbain rend possible une certaine mixité sociale, l'institution scolaire a bien tendance à séparer, dès la sortie de l'enfance, sa jeunesse. Cette forme de sécession scolaire est certes le produit de décisions familiales. Mais elle résulte aussi des modalités de fonctionnement du système scolaire: dans une société où le poids du diplôme est majeur, et où le choix de l'établissement est possible, les parents les mieux informés ont tout intérêt à se comporter en consommateurs du service public d'éducation.

Si cette situation a été maintes fois déplorée dans le débat public, les réponses politiques qui lui ont été apportées se font rares. La tentative la plus récente à cet égard est celle du ministre Pap Ndiaye. Après plusieurs mois de réflexion qui ont eu le mérite de mettre un coup de projecteur sur la ségrégation scolaire, il a présenté, en mai 2023, un plan pour lutter contre cette dernière.

Un premier volet concernait l'enseignement public, avec l'objectif de « réduire de 20 % la ségrégation scolaire d'ici 2027 », particulièrement à travers l'implantation d'options attractives dans les établissements les plus défavorisés. Un deuxième volet traitait de la contribution de l'enseignement privé sous contrat à cet objectif de mixité[1]. Pour ce faire, il est prévu la mise en place d'une base de données partagée, déjà évoquée. Ce protocole doit aussi aboutir à une augmentation de 50 % en cinq ans du nombre d'établissements modulant leur frais de scolarité en fonction des revenus des parents. Outre qu'on ne connaît pas le nombre d'établissements qui adoptaient une telle pratique à la rentrée 2023 – et qu'il est donc compliqué de mesurer les progrès en la matière –, le principe de modulation est très vague : à partir de quels seuils de revenus se déclencheraient ces réductions ? Et quelle en serait l'ampleur ? Le taux d'élèves boursiers doit lui aussi être doublé, mais seulement

1. Plus précisément, le protocole d'accord a été signé avec l'« enseignement catholique ». La grande majorité des établissements privés se réclament de cette coloration. En pratique, toutefois, ils disposent d'une large autonomie vis-a-vis du secrétariat général de l'Enseignement catholique.

dans les établissements où les élèves bénéficient d'aides sociales égales à celles auxquelles ils auraient droit s'ils étaient scolarisés dans le secteur public, notamment pour ce qui est des frais de cantine. Si ces mesures constituent un premier pas vers une participation des établissements privés à l'objectif de mixité sociale, elles ne semblent pas de nature à changer la donne.

Pour assurer l'objectif de réduction de la ségrégation scolaire dans le secteur public, ce plan prévoit également que, à l'initiative des recteurs, des « instances académiques de dialogue, de concertation et de pilotage de la mixité sociale » soient mises en place. Associant les différents acteurs éducatifs du territoire, ces instances sont censées permettre le partage de constats et la préparation d'actions nouvelles puis évaluer les actions déjà mises en place. Dans les faits, il semble que la création de ces instances ait été laissée au bon vouloir des acteurs locaux – et les initiatives en ce sens se font rares.

Quant au secteur privé, « un bilan détaillé des actions conduites, sur la base duquel une communication conjointe est élaborée » doit être réalisé à la fin de chaque année civile. Au début de l'année 2024, on ne trouvait pas trace de ce suivi.

Or, ce qui ressort de notre tour d'horizon de la ségrégation scolaire, c'est que l'accompagnement national aux politiques de mixité sociale est indispensable. Les modifications réglementaires et légales des relations entre les pouvoirs publics et le secteur privé sous contrat ne peuvent venir que de cet échelon. Les initiatives dans le secteur public peuvent difficilement se passer, elles aussi, d'un soutien étatique. Les organisateurs de rencontres nationales sur la mixité sociale rappellent ainsi que les politiques de mixité sociale n'ont la possibilité de se construire que dans « un alignement des planètes », notamment entre « l'impulsion nationale et l'impulsion locale »[1].

Parmi les initiatives locales en matière de mixité sociale détaillées dans la troisième partie, certaines ont bénéficié d'un accompagnement financier de la part du ministère de l'Éducation nationale, à travers l'instauration d'une limite à la taille des classes, ou encore l'attribution de moyens pour recruter davantage de personnels de vie scolaire. L'accompagnement des enseignants, et plus largement des équipes éducatives, est lui aussi essentiel : seul un tiers des professeurs de collèges et lycées s'estiment bien préparés à la gestion de la classe et du comportement des élèves, et moins de la moitié (44 %) considèrent qu'ils le sont lorsqu'il s'agit d'enseigner à des élèves de niveaux différents[2]. Les politiques de mixité sociale étant de nature

1. Étienne Butzbach, Choukri Ben Ayed, Isabelle Bertolino et Régis Guyon, *Actes des rencontres nationales de la mixité sociale : « Mixité sociale à l'école : Des moyens pour agir »*, 15 et 16 février 2022.

2. Minisitère de l'Éducation nationale, *L'État de l'école 2023.*

à accentuer ces défis, l'enjeu de formation est ici considérable.

Une solution avancée, et qui doit prendre corps à partir de la rentrée 2024 dans le cadre du « choc des savoirs » impulsé par le ministre de l'Éducation nationale Gabriel Attal, est la mise en place de « groupes de niveaux » au collège pour les cours de français et de mathématiques. Les détails quant à la mise en œuvre de cette mesure, notamment sur le caractère plus ou moins flexible de ces groupes, ne sont pas disponibles au moment d'écrire cette conclusion. Il est néanmoins à craindre que face aux contraintes d'emploi du temps auxquels font face les chefs d'établissements, les classes soient constituées à partir de l'appartenance à ces groupes – qui deviendraient alors des classes de niveau socio-scolaire. Nicole Belloubet, successeure de Gabriel Attal chargée de la mise en place de cette réforme, assure néanmoins se refuser à « tout système de tri social » au collège, considérant que « le brassage, c'est ce qui fait notre société, ce qui fait notre nation, à l'école aussi il faut brasser les jeunes »[1].

Au-delà des considérations sur les apprentissages, la mixité doit également être accompagnée d'un projet pédagogique permettant de manière plus générale de faire vivre au mieux cette diversité socio-démographique dans l'établissement : il s'agit notamment d'éviter la stigmatisation de

1. BFM Politique du 18 février 2024, BFMTV.

certains groupes et de faciliter par ce biais l'acceptation de la différence.

La problématique de la ségrégation scolaire n'épuise toutefois pas la question des inégalités éducatives. Au contraire, en agissant comme un phénomène révélateur des différentes fractures qui traversent le système scolaire, elle invite à une réflexion plus générale sur son fonctionnement. De nombreux autres facteurs jouent sur le niveau général des élèves et sur les inégalités en la matière : la formation des enseignants et la taille des classes, par exemple. Il est d'ailleurs des territoires, particulièrement en milieu rural, où la faible densité de population fait qu'il est extrêmement difficile de brasser les publics.

Il reste que les différences de composition socio-démographiques entre établissements scolaires, parfois situés à proximité, interrogent la promesse républicaine d'égalité devant le service public d'éducation. Dans ces conditions, quel sens peut bien prendre auprès des élèves la devise « Liberté, égalité, fraternité » inscrite au fronton des collèges qu'ils fréquentent ? Un catéchisme républicain éloigné de la réalité vécue par ceux qui le reçoivent peut-il vraiment être efficace ? Agir sur cet écart entre les discours et l'expérience que font les élèves et leurs familles de l'institution scolaire apparaît alors comme une étape indispensable vers un système éducatif plus juste – et une société moins conflictuelle.

Annexe technique

De nombreuses études présentées dans cet ouvrage reposent sur l'utilisation des données du service statistique du ministère de l'Éducation nationale, la Direction de l'évaluation, de la prospective et de la performance (DEPP).

L'ensemble des élèves des établissements secondaires publics et privés sous contrat sont recensés dans ces bases, accessibles dans une version anonymisée aux chercheurs par la signature de conventions[1]. Elles permettent de connaître l'établissement et la classe fréquentés par les élèves, mais renseignent également certaines de leurs caractéristiques socio-démographiques. Parmi elles, la profession déclarée par les responsables légaux. C'est cette information qui permet de définir l'origine sociale des élèves ainsi que de calculer la compo-

1. C'est l'occasion pour moi de remercier les différentes personnes de la DEPP qui ont particulièrement contribué au lien avec la recherche : Caroline Simonis-Sueur, Soazig Jolivet, Axelle Charpentier, Daniel Rakotomalala et Alexis Lermite, ainsi que Fabienne Rosenwald, sa directrice de 2015 à 2023 et Magda Tomasini, sa successeure.

sition sociale des établissements. Deux approches sont couramment utilisées: celle qui consiste à attribuer un milieu social d'origine aux élèves, et celle qui associe à chaque élève un indice indiquant le degré de proximité de son milieu familial avec l'institution scolaire.

Élèves socialement «favorisés» et «défavorisés»

Le service statistique du ministère de l'Éducation nationale définit le milieu social d'un élève à partir de la catégorie sociale du «parent de référence» de l'élève. Par convention, il s'agit du père lorsque sa profession est renseignée, de la mère dans le cas contraire. Quatre catégories sociales sont alors définies: «très favorisées»; «favorisées»; «moyennes»; «défavorisées».

Dans une volonté de simplification et de clarté, c'est un regroupement binaire qui est préféré tout au long de cet ouvrage. Sauf mention contraire, l'expression «élèves socialement favorisés» comprend alors les deux premières catégories et l'expression «élèves socialement défavorisés» fait référence aux deux suivantes. Il convient donc de garder à l'esprit que les catégories utilisées ici sont très agrégées, et qu'elles se caractérisent de ce fait par une certaine hétérogénéité.

À la rentrée 2022, 38 % des collégiens étaient d'origine sociale favorisée – et ainsi 62 % d'origine sociale défavorisée. Cette répartition n'a que légèrement évolué au cours de la dernière décennie : en 2010, les collégiens d'origine sociale favorisée représentaient 36 % des élèves et ceux d'origine sociale défavorisée 64 %[1].

Le tableau qui suit présente la catégorisation adoptée dans ce livre, celle qu'utilise le ministère de l'Éducation nationale, ainsi que les professions et catégories sociales correspondantes.

Tableau 2 – Classification des professions et catégories sociales, et pourcentage d'élèves scolarisés au collège y appartenant à la rentrée 2022

Classification utilisée dans ce livre	**Classification des professions et catégories sociales par le ministère de l'Éducation nationale en quatre catégories**
Catégories sociales favorisées	***Catégories sociales très favorisées (25 %)***
	Chefs d'entreprise de 10 salariés ou plus
	Professions libérales
	Cadres de la fonction publique

1. *Repères et références statistiques 2023*, ministère de l'Éducation nationale ; *Repères et références statistiques 2011*, ministère de l'Éducation nationale.

Classification utilisée dans ce livre	**Classification des professions et catégories sociales par le ministère de l'Éducation nationale en quatre catégories**
	Catégories sociales très favorisées (25 %)
	Professeurs, professions scientifiques
	Professions de l'information, des arts et des spectacles
	Cadres administratifs et commerciaux d'entreprise
	Ingénieurs et cadres techniques d'entreprise
	Professeurs des écoles, instituteurs et assimilés
	Catégories sociales favorisées (13 %)
Catégories sociales favorisées	Professions intermédiaires de la santé et du travail social
	Clergé, religieux
	Professions intermédiaires administratives de la fonction publique
	Professions intermédiaires administratives et commerciales des entreprises
	Techniciens
	Contremaîtres, agents de maîtrise
	Anciens cadres
	Anciennes professions intermédiaires

Classification utilisée dans ce livre	**Classification des professions et catégories sociales par le ministère de l'Éducation nationale en quatre catégories**
	Catégories sociales moyennes (27 %)
	Agriculteurs sur petite exploitation
	Agriculteurs sur moyenne exploitation
	Agriculteurs sur grande exploitation
	Artisans
	Commerçants et assimilés
	Employés civils et agents de service de la fonction publique
	Policiers et militaires
Catégories sociales défavorisées	Employés administratifs d'entreprise
	Employés de commerce
	Personnels des services directs aux particuliers
	Anciens agriculteurs exploitants
	Anciens artisans, commerçants, chefs d'entreprise
	Catégories sociales défavorisées (35 %)
	Ouvriers qualifiés de type industriel
	Ouvriers qualifiés de type artisanal
	Chauffeurs

Classification utilisée dans ce livre	**Classification des professions et catégories sociales par le ministère de l'Éducation nationale en quatre catégories**
	Catégories sociales défavorisées (35 %)
	Ouvriers qualifiés de la manutention, du magasinage et du transport
	Ouvriers non qualifiés de type industriel
	Ouvriers non qualifiés de type artisanal
	Ouvriers agricoles
Catégories sociales défavorisées	Anciens employés
	Anciens ouvriers
	Chômeurs n'ayant jamais travaillé
	Militaires du contingent
	Élèves, étudiants
	Personnes diverses sans activité professionnelle de moins de 60 ans (sauf retraités)
	Personnes diverses sans activité professionnelle de 60 ans et plus (sauf retraités)

Source: Base centrale des nomenclatures du ministère de l'Éducation nationale; Ministère de l'Éducation nationale, *Repères et références statistiques 2023*.

Indices de position sociale

L'indice de position sociale (IPS) est un indicateur construit par le service statistique du ministère de l'Éducation nationale[1]. Il attribue à chaque élève un score, en fonction de la profession de ses responsables légaux, qui indique à quel point l'élève vit dans un milieu favorable à la réussite scolaire: plus sa valeur est élevée, plus les conditions familiales sont – en moyenne – propices à une scolarité réussie.

Plus précisément, à chaque couple de professions correspond une valeur de l'IPS. Cette construction statistique a été permise par des enquêtes passées auprès de milliers de familles d'élèves, renseignant notamment les pratiques culturelles, les conditions de vie et le niveau de diplôme des parents.

L'IPS s'échelonne de 45 à 185. Le tableau suivant donne quelques exemples de couples de professions et de leur valeur correspondante.

1. Voir notamment: Fannie Dauphant, Franck Evain, Marine Guillerm, Catherine Simon et Thierry Rocher, «L'indice de position sociale (IPS): un outil statistique pour décrire les inégalités sociales entre établissements», note d'information n° 23.16, DEPP, 2023.

Tableau 3 – Exemples de couples de professions et de l'indice de position sociale correspondant

Professions et catégories socioprofesionnelles...		**Indice de position sociale de l'élève**
... de la mère	**... du père**	
Ouvrier non qualifié dans l'industrie	Sans profession de moins de 60 ans (hors retraité)	45
Employé de commerce	Ouvrier qualifié dans l'industrie	75
Chômeur n'ayant jamais travaillé	Professeur des écoles / instituteur	100
Cadre de la fonction publique	Artisan	130
Profession de l'information des arts et du spectacle	Chef d'entreprise de 10 salariés ou plus	160
Ingénieur / Cadre technique d'entreprise	Professeur / Profession scientifique	185

Note de lecture: Un élève dont la mère relève de la PCS «ouvrier non qualifié dans l'industrie» et le père de la PCS «sans profession de moins de 60 ans (hors retraité)» se voit attribuer l'IPS le plus faible (45).

Source: Données complémentaires à la note d'information 23.16 de la DEPP, ministère de l'Éducation nationale.

En calculant la moyenne de l'IPS des élèves appartenant à un même collège, on obtient l'IPS de cet établissement. Il permet de résumer la situation sociale moyenne des élèves qui y sont scolarisés. Au-delà de la moyenne, un autre indicateur statistique calculé pour les établissements est l'écart-type de l'IPS. Sa valeur permet de connaître la diversité sociale au sein d'un même établissement : plus il est élevé, plus la probabilité de trouver, au sein d'un même établissement, des élèves d'origine sociale différente est grande.

Comme le montre la figure suivante, il existe un lien très fort entre l'IPS d'un établissement et son écart-type : les collèges situés aux extrêmes de la distribution de l'IPS présentent un écart-type plus faible que ceux ayant un IPS qui se rapproche de la moyenne. Autrement dit, les collèges présentant les IPS les plus élevés et les plus bas sont également ceux où l'hétérogénéité sociale – et donc la mixité sociale – est en moyenne la plus faible. Lorsque les IPS sont utilisés dans cet ouvrage, c'est fréquemment pour se concentrer sur ce type de collège. Il semblait alors judicieux de se concentrer sur l'IPS moyen des établissements et d'occulter la dimension relative à l'écart-type, afin d'en simplifier la lecture et d'en rendre les résultats plus accessibles.

Figure 20 : IPS moyen et écart-type de l'IPS, par collège, pour la rentrée scolaire 2021

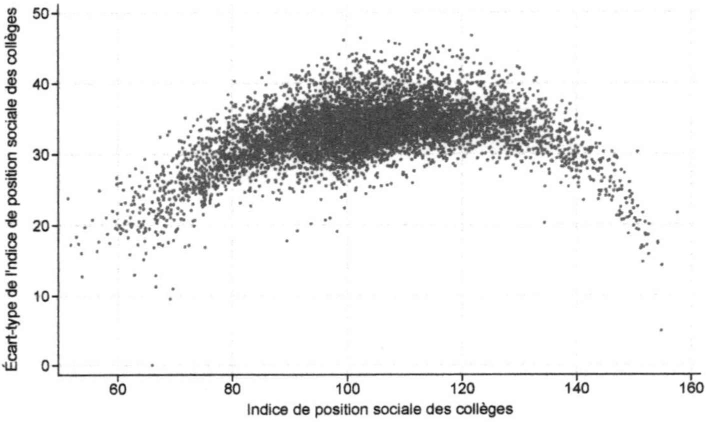

Note de lecture : Sur ce graphique, chaque point représente l'un des 6 962 collèges public ou privé sous contrat. Plus le point est vers la droite, plus son IPS est élevé. Plus le point est vers le haut, plus son écart-type (et donc son hétérogénéité sociale) est élevé.

Source : Traitements de l'auteur à partir du fichier sur les indices de position sociale du ministère de l'Éducation nationale pour la rentrée 2021.

Remerciements

De nombreuses rencontres et discussions qui ont ponctué ces dernières années ont abouti à la rédaction de ce livre.

Celles qui ont eu lieu à l'École d'économie de Paris prennent une place singulière. Les ouvrages d'Éric Maurin et de Thomas Piketty que j'ai lus lors de mes années de classe prépa m'ont particulièrement donné envie d'en pousser les portes. Directeurs de thèse et de mémoire – Julien Grenet, Élise Huillery et Marc Gurgand –, mais aussi professeurs, collègues, équipes de support : la liste des personnes que j'ai pu côtoyer dans ce lieu et que je tiens à remercier serait longue.

Le soutien familial et amical a également été décisif. Les conseils de P. Tchitch l'ont été tout spécialement.

Mais ce livre n'aurait pas vu le jour sans l'équipe de Fayard. À commencer par sa P-DG, Isabelle Saporta, qui a accordé sa confiance à ce projet. Maïssam Bakhti, en m'aidant à trouver le mot juste, a quant à elle grandement contribué à rendre la lecture de ce texte plus agréable. Et bien entendu, des remerciements tout particuliers vont à Thomas Vonderscher, l'instigateur de ce projet, qui m'aura fait comprendre par ses conseils le caractère indispensable du métier d'éditeur… et par son soutien celui de notre longue camaraderie alsacienne.

Table des matières

Partie III
FACE AU RISQUE DE SÉCESSION, VERS UN « RÉARMEMENT SCOLAIRE » ?

Composition et mise en pages
Belle Page

Cet ouvrage a été imprimé en France par
CPI Bussière
Z.I. rue Pelletier Doisy
18200 Saint-Amand-Montrond (France)

pour le compte des Éditions Fayard
13 rue du Montparnasse, 75006 Paris
en mars 2024

PAPIER CERTIFIÉ

fayard s'engage pour l'environnement en réduisant l'empreinte carbone de ses livres.
Celle de cet exemplaire est de :
600 g éq. CO_2
Rendez-vous sur
www.fayard-durable.fr

Dépôt légal : avril 2024
N° d'édition : 19-8011-7/01 - N° d'impression : 2077337